Antek, KORI i kod Zielonej Szkoły

AI, LaTeX i druga misja zespołu

Ari Varen

2026

Autor: Ari Varen
Tytuł: Antek, KORI i kod Zielonej Szkoły
Podtytuł: AI, LaTeX i druga misja zespołu
Wydanie: Wydanie pierwsze
Wydawca: ELPOL
ISBN: 978-83-982867-1-8

Ilustracje powstały z wykorzystaniem narzędzi generatywnej AI na podstawie autorskich opisów scen, a następnie zostały wybrane, poprawione i sprawdzone pod kątem zgodności z tekstem.

Niniejsza publikacja jest opowiadaniem z elementami poradnika. Pokazuje proces twórczy i wydawniczy oraz przykłady odpowiedzialnego wykorzystywania AI. Rozwiązania techniczne przedstawione w fabule mają charakter edukacyjny, a decyzje dotyczące bezpieczeństwa zawsze należą do człowieka.

O książce

Antek rozpoczyna naukę w Liceum Nowych Horyzontów. Nowa szkoła oznacza nowych ludzi, inne zasady i nowe problemy. Razem z Leną i Maksem szybko odkrywa, że doświadczenia zdobyte przy budowie KORI i przygotowaniu pierwszej książki mogą przydać się także tutaj.

Maks modernizuje KORI, Lena coraz sprawniej wykorzystuje AI do porządkowania i sprawdzania informacji, a Antek odkrywa, że dobra odpowiedź często zaczyna się od dobrego pytania. Z codziennych wydarzeń stopniowo rodzi się nowa misja zespołu — bezpieczna, zielona i odpowiedzialnie wykorzystująca technologię szkoła — a wraz z nią pomysł na drugą książkę.

Tym razem młodzi bohaterowie nie tylko przeżywają kolejną przygodę. Uczą się też, jak zamieniać obserwacje i notatki w uporządkowaną treść, jak współpracować z AI, jak kontrolować jej odpowiedzi oraz jak wykorzystać LaTeX i narzędzia cyfrowe do przygotowania publikacji.

Jak czytać tę książkę

To przede wszystkim opowieść o Antku, Lenie, Maksie i KORI. Nie trzeba wcześniej znać AI, programowania ani LaTeX-a. Pojęcia techniczne pojawiają się dopiero wtedy, gdy bohaterowie naprawdę ich potrzebują.

Ramki poradnikowe można czytać razem z fabułą albo wrócić do nich później. Najważniejsze jest śledzenie historii; część edukacyjna ma pomagać zrozumieć, **dlaczego** bohaterowie podejmują określone decyzje i **jak** można sprawdzić podobne rozwiązania samodzielnie.

Dla czytelników około 13–17 lat oraz wszystkich, którzy chcą tworzyć, rozwiązywać problemy i świadomie korzystać z AI.

Spis treści

1 KORI wraca do szkoły 1

2 Czwarty członek zespołu 13

3 Pierwszy test KORI 26

4 Sekunda przed upadkiem 33

5 Zgoda, ale pod warunkiem 43

6 Mapa Zielonej Szkoły 50

7 Torba na parapecie 57

8 Rower, hulajnoga, telefon 65

9 Pusta strona nie jest już pusta 72

10 Kod, który wygląda jak szyfr 80

11 TeXstudio mówi: błąd 87

12 Rysunek, który był za mały 92

13 Jedna poprawka, dwanaście stron 100

14 Ostatnia kontrola 106

15 Druga książka, pierwszy system 114

1 KORI wraca do szkoły

Pierwszego dnia w nowym liceum Antek obudził się trzy minuty przed budzikiem.

Nie dlatego, że nie mógł się doczekać.

Przynajmniej tak sobie tłumaczył.

Leżał jeszcze chwilę i patrzył w sufit. Przez całe wakacje wiedział, że ten dzień nadejdzie, ale dopiero teraz dotarło do niego, że od rana wszystko będzie trochę inne.

Nowa szkoła.

Nowa klasa.

Nowi nauczyciele.

Nowe nazwiska, które przez pierwsze tygodnie prawdopodobnie będą mu się myliły.

I przede wszystkim ludzie, którzy niczego o nim nie wiedzieli.

Nie wiedzieli o konkursie „Szkoła Jutra".

Nie wiedzieli, jak powstał KORI.

Nie wiedzieli też, że razem z Leną i Maksem przygotował książkę i naprawdę ją opublikował.

Telefon zawibrował.

6:37.

Na ekranie pojawiła się wiadomość od Maksa.

Grupa KORI

MAX: Żyjesz?
ANTEK: Niestety.
MAX: To widzimy się pod głównym wejściem 7:45.
ANTEK: KORI?
MAX: Jutro.
ANTEK: Czemu?
MAX: Bo jeszcze go składam.
ANTEK: Wczoraj też go składałeś.
MAX: Dzisiaj składam lepiej.

Antek uśmiechnął się. To akurat brzmiało znajomo.

Przez kilka miesięcy nauczył się już, że w języku Maksa słowo „gotowe" ma co najmniej trzy znaczenia.

Pierwsze: działa.

Drugie: działa, ale lepiej tego jeszcze nie dotykać.

Trzecie: działa, tylko Maks właśnie wymyślił, jak zrobić to lepiej.

KORI zwykle znajdował się gdzieś pomiędzy drugim a trzecim.

Przez wakacje Maks rzeczywiście spędził nad KORI sporo czasu. Za zgodą dyrekcji ich dawnej szkoły podstawowej, w uzgodnionych terminach, mógł wracać do pracowni i sprawdzać kolejne zmiany.

Najpierw odnowił obudowę. Zachował niski, prawie okrągły kształt robota, ale poprawił mocowanie elementów, odświeżył powierzchnię i zrobił solidniejsze mocowanie smartfona. Uchwyt pozwalał ustawić telefon pionowo albo poziomo, zależnie od tego, jaki obraz otoczenia był potrzebny podczas monitoringu. KORI nadal miał wyglądać jak zwykły szkolny robot sprzątający, tylko znacznie porządniej niż wcześniej.

Najważniejsza zmiana była jednak niewidoczna. Smartfon zamontowany na KORI został połączony przez USB-C z niewielkim interfejsem, a ten z układem sterującym napędem kół. Dzięki temu Maks mógł przygotować prosty panel poleceń:

```
JAZDA: START / STOP / LEWO / PRAWO / TYŁ
ODKURZANIE: START / STOP
```

Jazda i odkurzanie nie musiały już działać razem. W wielu przyszłych próbach ważniejsza miała być sama mobilność KORI niż sprzątanie.

Telefon miał też zbierać obraz, informacje o położeniu na trasie i wstrząsach, a wybrane dane przesyłać przez Wi-Fi do laptopa zespołu. W zwykłych warunkach wystarczała szkolna sieć albo mobilny punkt dostępowy. Maks myślał również o zastosowaniach poza normalnym zasięgiem, gdzie dane mogłyby być przesyłane przez zewnętrzne łącze satelitarne. To był jednak plan na przyszłość, nie funkcja potrzebna do codziennej pracy w szkole.

Antek wstał.

W kuchni Karol siedział już przy stole i trzymał telefon w jednej ręce, a kanapkę w drugiej.

— Ty też zaczynasz dzisiaj? — zapytał Antek, nalewając sobie herbaty.

Karol podniósł wzrok znad ekranu.

— Szóstą klasę. Od dawna wiadomo.

— Pytam, czy dzisiaj.

— Tak. A ty naprawdę od rana jesteś taki zestresowany?

— Nie jestem zestresowany.

— Jasne.

Karol wrócił do telefonu.

Tata wszedł do kuchni z kluczami w dłoni.

— Gotowi?

— Ja tak — powiedział Karol.

— Ja też — odpowiedział Antek, choć nie był tego do końca pewien.

Mama wyszła wcześniej. Miała poranne spotkanie w kancelarii i zdążyła tylko zajrzeć do jego pokoju.

„Nie próbuj pierwszego dnia udowodnić wszystkim, że wszystko umiesz."

Antek uznał tę radę za trochę niepokojącą.

Bo przecież nie planował.

Chyba.

Trzy wyniki rekrutacji

To, że Antek, Lena i Maks znaleźli się w tym samym liceum, nie było oczywiste.

Jeszcze przed zakończeniem szkoły podstawowej cała trójka pojechała na dzień otwarty Liceum Nowych Horyzontów. Każde z nich zwróciło uwagę na coś innego.

Lenę zainteresowały pracownie komputerowe.

Maksa — szkolny LAB i możliwość realizowania własnych projektów.

Antka — to, że szkoła łączyła zwykłe przedmioty z projektami, przedsiębiorczością i zajęciami, podczas których uczniowie mieli coś naprawdę tworzyć.

Później każdy musiał jednak przejść normalną rekrutację.

Liczyły się wyniki egzaminu, oceny na świadectwie, osiągnięcia i punkty za wybrane przedmioty.

Antek wybrał klasę geograficzno-biznesową z rozszerzoną matematyką.

Lena — matematyczno-informatyczną.

Maks — matematyczno-fizyczną.

Nie konkurowali więc dokładnie o te same miejsca, ale i tak przez kilka tygodni nie mieli pewności, czy jesienią nadal będą chodzić do jednej szkoły.

W lipcu, w dniu ogłoszenia wyników, ich grupa w telefonie ożyła już przed ósmą rano.

Najpierw napisała Lena.

Wyniki rekrutacji

LENA: Przyjęta.
MAX: Ja też.
ANTEK: U mnie jeszcze nic.

Po kilku minutach:
ANTEK: MAM.
MAX: Fart.

LENA: Fart pomaga. Punkty też.

Antek wtedy tylko się roześmiał.

Teraz, siedząc w samochodzie pierwszego dnia szkoły, pomyślał, że faktycznie mieli trochę szczęścia.

Ale najpierw trzeba było mieć wystarczająco dużo punktów, żeby temu szczęściu dać szansę.

Trzy wyniki, jedna szkoła

Tata najpierw podwiózł Karola do jego szkoły podstawowej.

Kiedy samochód zatrzymał się przy chodniku, Karol schował telefon do kieszeni i sięgnął po plecak.

— Powodzenia, licealisto — powiedział do brata.

— Powodzenia, szóstoklasisto.

Karol wysiadł, ale po chwili otworzył drzwi jeszcze raz.

— I nie mów pierwszego dnia, że napisałeś książkę.

Antek spojrzał na niego.

— Czemu?

— Bo zabrzmi dziwnie.

— Dzięki za wsparcie.

— Nie ma za co.

Karol zatrzasnął drzwi i po chwili zniknął wśród uczniów wchodzących do szkoły.

Tata ruszył dalej. Do Liceum Nowych Horyzontów zostało niespełna dziesięć minut jazdy.

Przez chwilę jechali w ciszy.

— Myślisz, że Karol ma rację z tą książką? — zapytał w końcu Antek.

Ojciec spojrzał na niego na moment, po czym znów przeniósł wzrok na drogę.

— Z czym dokładnie?

— Żebym pierwszego dnia nie opowiadał wszystkim, że ją napisałem.

— Jeśli ktoś zapyta, odpowiedz.

— A jeśli nie zapyta?

— To nie rób konferencji prasowej.

Antek parsknął śmiechem.

— To chyba najlepsza rada, jaką dzisiaj dostałem.

— Mam jeszcze jedną — powiedział tata. — Najpierw zobacz, jak działa nowa szkoła. Dopiero później próbuj ją poprawiać.

Antek odwrócił głowę w jego stronę.

— Czemu wszyscy zakładają, że będę ją poprawiał?

Ojciec się uśmiechnął.

— Bo znam ciebie. I słyszałem o KORI.

Kilka minut później samochód zatrzymał się niedaleko głównego wejścia do liceum.

Antek wysiadł, zarzucił plecak na ramię i przez chwilę stał na chodniku.

Budynek wyglądał inaczej niż podczas dnia otwartego.

Wtedy był prawie pusty.

Teraz kilkuset uczniów próbowało wejść do niego mniej więcej jednocześnie.

Antek popatrzył na szerokie schody, duże okna i tłum przy wejściu.

No dobra. Zaczynamy — pomyślał.

Tym razem nie powiedział tego na głos.

Pod wejściem zauważył Lenę.

Stała trochę z boku i sprawdzała coś na telefonie.

— Cześć, Antek — powiedziała, kiedy podszedł.

— Cześć. Co sprawdzasz?

— Plan.

— Pierwszego dnia?

Lena uniosła lekko brwi.

— Właśnie pierwszego dnia jest najbardziej potrzebny.

Pokazała mu ekran. Miała zapisane numery sal, godziny i zdjęcie planu budynku wykonane jeszcze podczas dnia otwartego.

— Masz mapę szkoły? — zapytał Antek.

— Zdjęcie planu.
— Oczywiście, że masz.
— Ty nie?
— Ja zapamiętałem wejście.
Lena schowała telefon.
— To też początek.
Maks pojawił się minutę później. Nie biegł. Po prostu poruszał się szybciej niż większość ludzi.
— Dobra wiadomość — powiedział, kiedy podszedł do nich. — KORI będzie jutro.
Lena od razu spojrzała na niego uważniej.
— „Będzie" oznacza, że mamy zgodę szkoły?
Maks zwolnił.
— Dyrekcja podstawówki zgodziła się, żebym dalej rozwijał KORI w liceum. Z tą szkołą musimy jeszcze uzgodnić, gdzie i jak wolno go testować.
Lena skinęła głową.
— To już jest odpowiedź.
Antek uśmiechnął się. Pierwszy dzień nowej szkoły, a Lena już wróciła do swojej normalnej funkcji w zespole.
— Najpierw przeżyjmy dzisiaj — powiedział. — Jutro będziemy negocjować robota.

Pierwszy dzień w Liceum Nowych Horyzontów

Każde z nich po chwili poszło w inną stronę.

To także było nowe.
Antek trafił do klasy geograficzno-biznesowej z rozszerzoną matematyką i dwoma językami obcymi.
Lena do matematyczno-informatycznej.
Maks do matematyczno-fizycznej.
W poprzedniej szkole wystarczyło przejść kilkanaście metrów, żeby znaleźć kogoś z zespołu. Teraz Lena mogła być piętro wyżej, Maks w innym skrzydle, a Antek na geografii, gdzie nauczyciel już pierwszego dnia wyjaśnił, że słowo „rozszerzenie" nie znaczy „trochę więcej".
Antek usiadł w trzeciej ławce od okna.
Nie pierwszej.
To byłoby zbyt ambitne.
Nie ostatniej.
To z kolei wyglądałoby, jakby już pierwszego dnia miał plan czegoś nie robić.
Trzecia była bezpieczna.
Wychowawczyni przedstawiła się, powiedziała kilka słów o szkole, a potem zaproponowała krótką rundę przedstawiania się.
— Imię i dwie rzeczy o sobie. Tylko bez przemówień — wyjaśniła.
Pierwsze osoby mówiły o sporcie, muzyce, językach, podróżach i grach.
Kiedy przyszła kolej Antka, wstał.
— Antek. Lubię piłkę nożną, gry komputerowe i trochę gram na keyboardzie.
Chłopak z drugiego końca klasy zauważył:
— To trzy rzeczy.
Antek spojrzał na niego.
— Trzecią można wykreślić. Dawno nie grałem.
Kilka osób się roześmiało.
Wychowawczyni również.
— Zostawmy trzy. Następna osoba.
Antek usiadł.
Nikt nie zapytał o książkę.
Nikt nie zapytał o KORI.
I właściwie poczuł ulgę.
Na długiej przerwie cała trójka spotkała się przy automacie z wodą.
Maks pierwszy zapytał Antka:
— Jak klasa?
— Nikt mnie jeszcze nie wyrzucił. Uznaję to za dobry początek.
— U mnie podobnie — odpowiedział Maks.
Lena skierowała wzrok na zegarek.

— Za dziewięć minut mamy oprowadzanie po części projektowej.
Maks natychmiast przestał pić.
— Jakiej części?
— Projektowej. LAB.
— Czemu nic nie mówiłaś?
— Mówię teraz.
— Dziewięć minut to mało.
Lena zerknęła na niego z rozbawieniem.
— Do sali jest czterdzieści metrów.
Antek wskazał Maksa.
— Nie o drogę mu chodzi. Już zastanawia się, czy zmieści tam KORI.
Maks nie zaprzeczył.
Pracownia znajdowała się na końcu drugiego piętra.
Na drzwiach widniał prosty napis:

LAB — PRACOWNIA PROJEKTÓW UCZNIOWSKICH

Pod spodem mniejszymi literami:

Zauważ problem. Sprawdź dane. Zaproponuj zmianę.

Antek zatrzymał się na chwilę.
Hasło przypomniało mu „Szkołę Jutra".
W środku stały stoły robocze, komputery, półki z pojemnikami, drukarka 3D, kilka zestawów elektronicznych i zwykłe narzędzia. Na ścianach wisiały opisy projektów z poprzednich lat.
Nie wyglądało to jak profesjonalne laboratorium badawcze.
I dobrze.
Wyglądało jak miejsce, w którym można było coś zbudować, zepsuć, sprawdzić i spróbować jeszcze raz.
Maks patrzył na pracownię z wyraźnym zainteresowaniem.
— KORI tu pasuje — powiedział cicho do Antka.
— KORI jeszcze tu nie ma — przypomniała Lena, która usłyszała jego uwagę.
Nauczyciel prowadzący oprowadzanie zatrzymał się przy nich.
— Kto to jest KORI?
Maks odpowiedział pierwszy:
— Robot.
— Duży?
— Niski.
— Szybki?

— Nie bardzo.
— Niebezpieczny?
Maks zastanowił się.
— Raczej dla kurzu.
Antek uznał, że trzeba dodać trochę kontekstu.
— To stary robot sprzątający. W poprzedniej szkole przerobiliśmy go na projekt konkursowy. Teraz Maks go modernizuje.
Nauczyciel spojrzał na całą trójkę.
— Jeśli chcecie go tutaj przynieść, najpierw pokażcie mi dokumentację i uzgodnimy, co wolno testować.
— Jasne — powiedziała Lena.
Maks również skinął głową.
Tym razem nie próbował negocjować.

LAB

Pod koniec dnia Antek miał w głowie więcej informacji, niż chciało mu się wpisywać kciukiem do telefonu.
Kiedy wyszedł przed szkołę, usiadł na ławce i otworzył aplikację NOTATNIK.
Od pewnego czasu coraz częściej korzystał z funkcji dyktowania. Naciskał ikonę mikrofonu, mówił normalnym głosem, a smartfon zamieniał wypowiedź na tekst.
Nie robił tego idealnie.
Czasem mylił słowa.

Czasem stawiał przecinek w dziwnym miejscu.

Ale Antkowi chodziło przede wszystkim o jedno: zapisać myśl, zanim zniknie z pamięci.

Utworzył notatkę:

```
NOWE_LICEUM_DZIEN_1
```

Dopiero wtedy nacisnął mikrofon.

— Pierwszy dzień. Szkoła większa, niż pamiętałem. Lena ma plan wszystkiego. Maks jutro chce przywieźć KORI. Jest pracownia projektowa, LAB. Dobre hasło na ścianie: zauważ problem, sprawdź dane, zaproponuj zmianę. Klasa chyba w porządku. Nikt nie pytał o książkę. To akurat dobrze.

Przerwał i sprawdził tekst.

Jedno słowo smartfon rozpoznał źle.

Poprawił je.

Potem dodał jeszcze:

— Przed szkołą dużo rowerów i hulajnóg. Jedna hulajnoga leżała częściowo w przejściu. Może warto później sprawdzić, jak zorganizowane jest parkowanie.

Zatrzymał nagranie.

To ostatnie zdanie nie było jeszcze problemem.

Było tylko obserwacją i pytaniem.

Antek nauczył się już, że różnica jest ważna.

Antek zauważył

Notatka nie musi od razu być gotowym tekstem.

Jeśli wydarzenie jest świeże, można je najpierw **podyktować do smartfona**. NOTATNIK lub inne narzędzie może zamienić mowę na tekst, który później łatwo przenieść na komputer.

Dopiero wtedy warto:

- poprawić błędy transkrypcji,
- uporządkować informacje,
- oddzielić obserwacje od przypuszczeń,
- wykorzystać AI do dalszej pracy.

Najpierw trzeba jednak zachować własną myśl.

Wieczorem notatka była już dostępna na komputerze dzięki synchronizacji.

Antek otworzył folder:

```
KSIAZKA_02
```

Utworzył go jeszcze pod koniec pracy nad pierwszym tomem. Wtedy był pusty.

Teraz skopiował do niego tekst z NOTATNIKA.

Karol zajrzał mu przez ramię.

— Już piszesz drugą?

— Nie.

— Masz folder „KSIĄŻKA 02".

— Folder nie jest książką.

Karol spojrzał na ekran.

— Na razie.

Antek uśmiechnął się.

Na pierwszej stronie zapisał tylko:

NOWE LICEUM — DZIEŃ 1

Pod spodem wkleił transkrypcję.

To jeszcze nie była historia.

Ale pusta strona przestała być pusta.

Najpierw zapisz, potem porządkuj

Następnego ranka Maks czekał przed bocznym wejściem do liceum z niewielką torbą transportową na kółkach.

Antek spojrzał na nią.

— Nie mów, że tam jest KORI.

Maks odpowiedział spokojnie:

— Dobra.
— Jest tam KORI?
— Tak.
Lena dołączyła do nich chwilę później.
— Mamy zgodę? — zapytała.
— Mamy zgodę na wniesienie projektu do LAB-u i pokazanie go prowadzącemu — wyjaśnił Maks. — Poprzednia szkoła pozwoliła nam dalej rozwijać KORI, ale tutaj obowiązują zasady liceum. Na razie żadnych jazd po korytarzach.
Lena skinęła głową.
— Czyli tym razem zapytałeś wcześniej.
— Rozwijam się.
W LAB-ie Maks zamknął drzwi, położył torbę na stole i rozsunął zamek.
KORI wyglądał znajomo.
Ale zdecydowanie świeżej.
Antek spodziewał się większej zmiany kształtu. Tymczasem Maks zachował niską, prawie okrągłą sylwetkę robota, a odnowił przede wszystkim obudowę. Była teraz matowa, równa i lepiej spasowana. Najbardziej widoczne rysy zniknęły, a solidniejsze mocowanie telefonu wyglądało jak część urządzenia, a nie późniejszy dodatek. Maks mógł ustawić smartfon pionowo albo poziomo — zależnie od tego, czy ważniejszy był szerszy obraz korytarza, czy obserwacja przestrzeni przed KORI.
— No dobra. Teraz wygląda jak kolejna wersja KORI — powiedział Antek.
Maks przesunął dłonią po obudowie.
— O to chodziło. Ma wyglądać świeżo i porządnie, ale nadal jak zwykły robot sprzątający. Nie chcę urządzać wystawy na każdej przerwie.
Lena przyznała mu rację.
Najważniejsze zmiany i tak miały pozostać niewidoczne.
Maks nacisnął przycisk.
Ekran nowego smartfona zamontowanego na KORI rozjaśnił się.
Po chwili pojawił się prosty napis:

```
KORI --- ONLINE
```

Antek poczuł znajome ukłucie satysfakcji.
KORI wrócił do szkoły.
Tyle że tym razem była to nowa szkoła.
I — jak miało się szybko okazać — trochę inna wersja KORI.

2 Czwarty członek zespołu

Z zewnątrz KORI nadal zachował znajomy kształt.

To było celowe.

Maks odnowił obudowę i zastosował solidniejsze mocowanie smartfona, pozwalające ustawić telefon pionowo albo poziomo zależnie od potrzeb monitoringu. Nie dodawał jednak ozdobnych świateł ani elementów, które zamieniałyby robota w futurystyczny gadżet. KORI miał wyglądać nowocześniej i porządniej, a jednocześnie pozostać niepozorny na szkolnym korytarzu.

Najważniejsze zmiany ukrył pod obudową i w nowym smartfonie.

Telefon miał lepszą kamerę, więcej pamięci, stabilniejsze Wi-Fi i transmisję komórkową. Mógł też działać jako mobilny punkt dostępowy dla laptopa zespołu. Jeśli kiedyś projekt trafiłby poza normalny zasięg sieci komórkowej, Maks zakładał możliwość przesyłania danych przez zewnętrzne łącze satelitarne. W szkole nie było to potrzebne.

Podczas prób okazało się jednak, że pełne wykorzystanie nowych funkcji sieciowych zależy od jakości połączenia. Samo lokalne sterowanie ruchem KORI nie wymagało Internetu, ale przesyłanie obrazu i danych do laptopa Leny oraz korzystanie z AI działającego w sieci wymagały stabilnego i odpowiednio szybkiego łącza. Przy słabym połączeniu obraz mógł docierać z opóźnieniem, część danych czekała na wysłanie, a odpowiedź AI pojawiała się zbyt późno, żeby była użyteczna podczas testu.

— Czyli bez szybkiego Internetu KORI nie pojedzie? — zapytał Antek.

— Pojedzie — odpowiedział Maks. — Jazda działa lokalnie. Internet jest potrzebny do transmisji i pracy z AI. Wolę, żebyśmy tego nie mieszali.

— Internet ma nam służyć przede wszystkim do monitorowania i przesyłania danych — dodał. — Sterowanie ruchem zostawiamy lokalnie, w kontrolowanych testach.

Antek obszedł KORI dookoła.

— Czyli wygląda prawie tak samo, a potrafi znacznie więcej?

Lena poprawiła go od razu.

— I zbiera więcej danych. To nie znaczy, że „wie" więcej.

Maks wskazał na Lenę.

— I właśnie dlatego ona zajmuje się informacją.

Potem pokazał, co ukrył pod obudową. Polecenie z lokalnego panelu na tablecie lub laptopie trafiało przez Wi-Fi do smartfona KORI. Telefon był połączony przez USB-C z niewielkim interfejsem, a dopiero ten przekazywał polecenia do układu sterującego napędem kół. Do takiego sterowania nie był potrzebny Internet — wystarczała lokalna sieć Wi-Fi. Polecenie z panelu nie trafiało więc bezpośrednio do silników.

Na ekranie pojawiły się dwie osobne grupy funkcji:

```
JAZDA: START / STOP / LEWO / PRAWO / TYŁ
ODKURZANIE: START / STOP
```

— Czyli KORI może jechać i wcale nie odkurzać? — zapytał Antek.

— Właśnie o to chodzi — odpowiedział Maks. — Czasem potrzebujemy mobilnego robota, a nie odkurzacza.

Maks przewinął panel niżej.

— Dodałem jeszcze jedną prostą rzecz.

Antek spojrzał na smartfon KORI.

— Skoro telefon ma mikrofon, KORI może też mówić?

Lena poprawiła go od razu.

— Mikrofon słucha. Głośnik mówi.

— Wiem, co miałem na myśli.

Smartfon miał własny głośnik, więc Maks nie musiał dodawać osobnego modułu dźwiękowego. W panelu zespołu pojawił się prosty przełącznik:

```
DŹWIĘK: ZEZWÓL / WYŁĄCZ
```

Dopiero po włączeniu zezwolenia smartfon mógł odtwarzać przygotowane wcześniej krótkie komunikaty: łagodny sygnał melodyczny informujący o rozpoczęciu jazdy oraz komunikat:

```
ZATRZYMANIE --- WYKRYTO PRZESZKODĘ
```

— Czyli KORI zaczyna mówić? — zapytał Antek.

— Na razie tylko kilka gotowych informacji — odpowiedział Maks. — Bez rozmów i bez improwizowania. Bardziej złożone komunikaty zostawiam na następną wersję.

Lena zerknęła na panel.

— I dźwięk włączamy tylko wtedy, kiedy naprawdę ma pomagać, a nie przeszkadzać.

— Dlatego jest zezwolenie — odpowiedział Maks.

Na laptopie wyświetlił podstawowy panel KORI.

Stan baterii.

Połączenie.

Czas pracy.

Stan ruchu.

Stan odkurzania.

Ostatni punkt trasy.

Informacje o wstrząsach i komunikaty czujników.

Wybrane dane mogły być przesyłane przez Wi-Fi do laptopa Leny. Zespół mógł też otrzymywać pojedyncze zdjęcia z kamery, jeśli było to potrzebne do testu. Maks nie chciał jednak włączać stałego podglądu obrazu.

— Technicznie można — powiedział. — Ale jesteśmy w szkole. Nie potrzebujemy nagrywać wszystkiego tylko dlatego, że potrafimy.

Lena popatrzyła na niego z uznaniem.

— To akurat bardzo dobra zasada.

Antek usiadł przy stole.

KORI wyglądał niemal zwyczajnie.

Odnowiona obudowa.

Nowy telefon.

Nowa aplikacja.

Nowe dane.

Maks najwyraźniej uznał, że najlepszym sposobem ukrycia ciekawego projektu jest sprawić, żeby z daleka nadal przypominał sprzęt, który większość uczniów minie bez zatrzymania.

Najważniejsze zmiany są w środku

Po kilku minutach Maks otworzył zapis z jednego z nocnych testów. Na ekranie pojawiła się lista:

```
20:13 START
20:16 RUCH
20:24 STOP
```

```
20:25 BRAK ODPOWIEDZI CZUJNIKA 2
20:27 RUCH
```

— Dla pięciu wpisów nie ma problemu — powiedział Maks. — Ale jeśli zaczniemy zbierać dane regularnie, takich komunikatów będą setki. Nie chcę czytać każdego osobno.

— Możemy zrobić filtry — zaproponowała Lena.

— Zrobiłem. Ale filtr pokaże to, co wcześniej przewidziałem. Chciałbym jeszcze narzędzie, które pomoże znaleźć rzeczy nietypowe, których nie wpisałem do reguł.

Antek od razu zrozumiał, do czego zmierza.

— AI.

Maks skinął głową.

— AI może pomóc porównywać wpisy, grupować je i zwracać uwagę na odstępstwa. Ale nie chcę, żeby decydowało, co się naprawdę stało.

Lena przesunęła laptop bliżej siebie.

— I nie podajemy mu wszystkiego. Tylko dane potrzebne do konkretnego zadania.

— Zgoda — odpowiedział Maks.

Antek przypomniał sobie pierwszą książkę. Wtedy AI pomagało mu poprawiać tekst, porządkować pomysły i czasem podsuwało rozwiązania, których sam nie znał.

Do tej pory traktował je jednak trochę jak bardzo rozbudowaną wyszukiwarkę.

Miał pytanie.

Otwierał rozmowę.

Dostawał odpowiedź.

Zamykał.

Teraz po raz pierwszy zespół chciał wykorzystać AI nie do pojedynczej odpowiedzi, lecz jako narzędzie, które będzie wracało w wielu etapach ich pracy.

— Spróbujmy — powiedział Antek.

Maks obrócił laptop w jego stronę.

— Ty pytasz.

— Czemu ja?

— Bo to ty piszesz książki.

— To nie jest odpowiedź.

— Jest wystarczająco dobra.

Antek usiadł przed ekranem i wpisał:

Zapytaj AI

Pytanie Antka:
Jak poprawić bezpieczeństwo uczniów w szkole?

Odpowiedź pojawiła się szybko.

Była długa.

Brzmiała rozsądnie.

Mówiła o ostrożności, przestrzeganiu zasad, odpowiedzialnym zachowaniu, edukacji, nadzorze i reagowaniu na zagrożenia.

Antek przeczytał pierwsze punkty i odsunął się od ekranu.

— Całkiem dobre.

Lena przeczytała tę samą odpowiedź znacznie wolniej.

— Poprawne — powiedziała w końcu. — Ale prawie bezużyteczne.

Antek spojrzał na nią.

— Dlaczego?

— Bo mogłoby dotyczyć każdej szkoły w każdym kraju. Nie powiedziałeś, jaka jest sytuacja, czego konkretnie szukamy ani co chcemy zrobić z odpowiedzią.

— Przecież zapytałem o bezpieczeństwo.

— Właśnie. O wszystko naraz.

Maks uśmiechnął się.

— To boli bardziej, kiedy ma rację.

Antek zignorował uwagę Maksa.

— Czyli problemem jest pytanie?

— Częściowo — odpowiedziała Lena. — AI nie wie, co masz w głowie. Jeśli chcesz konkretnej odpowiedzi, musisz dać kontekst.

Przez kilka minut rozmawiali już nie z komputerem, lecz ze sobą.

Co naprawdę chcieli sprawdzić?

Gdzie?

Kogo dotyczył problem?

Jakie zachowania można obserwować bez oceniania ludzi?

Jakiego rodzaju odpowiedź będzie użyteczna?

Dopiero kiedy te kwestie były jasne, Lena zaczęła pisać.

Zapytaj AI

Drugie pytanie zespołu:

Jesteśmy grupą uczniów pierwszej klasy dużego miejskiego liceum. Uczniowie docierają do szkoły pieszo, rowerami, hulajnogami elektrycznymi, autobusami i samochodami. W budynku są długie korytarze, schody, pracownie, hala sportowa i basen.
Chcemy wskazać pięć typowych sytuacji, w których może powstać zagrożenie przed szkołą lub w jej częściach wspólnych.
Dla każdej sytuacji podaj:
1. co można rzeczywiście zaobserwować,
2. czego nie wolno zakładać bez dodatkowych informacji,
3. jakie proste działanie człowieka może ograniczyć ryzyko.

Nie oceniaj konkretnych osób i nie zakładaj, że nietypowa sytuacja automatycznie oznacza zagrożenie.

Tym razem odpowiedź wyglądała inaczej.
Rozlana woda na podłodze.
Przedmiot blokujący przejście.
Źle pozostawiona hulajnoga.
Tłok na schodach.
Przedmiot pozostawiony przez dłuższy czas bez widocznego właściciela.
Przy każdym punkcie AI oddzielało obserwację od interpretacji.
Antek przeczytał odpowiedź drugi raz.
— To jest ta sama AI?
— Tak — odpowiedziała Lena.
— To dlaczego teraz jest mądrzejsza?
Lena uśmiechnęła się.
— Nie jest. Teraz dostała mądrzejsze pytanie.
Maks popatrzył na Antka.
— To trzeba zapisać.
Antek wyjął telefon.
— Już zapisuję. Tylko nie będę pisał.
Otworzył NOTATNIK i nacisnął mikrofon.
Tym razem mówił wolniej niż poprzedniego dnia.
— Dobra odpowiedź AI często zaczyna się od dobrego pytania. Trzeba podać kontekst, cel, ograniczenia i powiedzieć, jakiego wyniku oczekujemy. Ogólne pytanie najczęściej daje ogólną odpowiedź.
Przerwał i spojrzał na Lenę.
— Coś jeszcze?
— Tak. Dopisz, że odpowiedź trzeba sprawdzić.
Antek ponownie nacisnął mikrofon.
— Dopisek Leny: odpowiedź trzeba sprawdzić.

Maks pokiwał głową.
— Brzmi jak tytuł rozdziału.
— Nie przesadzaj — powiedział Antek.
— Ty już masz folder „KSIĄŻKA 02”.
— Karol ci powiedział?
— Nie musiał.

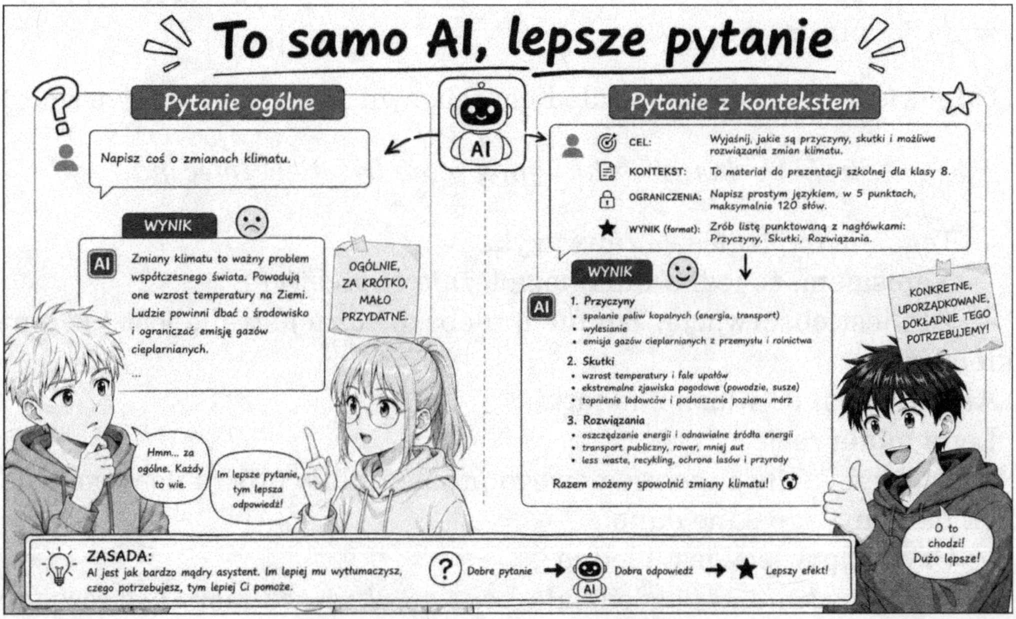

To samo AI, lepsze pytanie

Nie wszystko w jednej rozmowie

Po południu Antek wrócił do swoich notatek z pierwszego dnia.
Na komputerze miał już transkrypcję tego, co podyktował przed szkołą.
Otworzył ją obok okna rozmowy z AI.
— Chcę sprawdzić coś jeszcze — powiedział do Leny i Maksa.
Lena odwróciła ekran tabletu.
— Co?
— Dam AI moją notatkę i poproszę, żeby zrobiło z niej porządek.
— Możesz — odpowiedziała Lena. — Tylko najpierw zdecyduj, czego oczekujesz.
Antek wskazał na tekst.
— Chcę wiedzieć, co z tego może nam się później przydać.
Maks zerknął na ekran.
— Czyli niech posegreguje.

Antek wpisał:

Zapytaj AI

Poniżej są moje surowe notatki z pierwszego dnia w nowej szkole. Nie dopisuj faktów, których w nich nie ma. Uporządkuj je w cztery grupy: ludzie, miejsca, problemy do sprawdzenia oraz pomysły do późniejszego wykorzystania. Jeśli coś jest tylko przypuszczeniem lub wnioskiem, zaznacz to.

Odpowiedź była użyteczna, ale Lena zatrzymała się przy jednym zdaniu:

Strefa parkowania hulajnóg może być niebezpieczna.

— Tego nie napisałeś — zauważyła.

— Napisałem, że jedna hulajnoga leżała w przejściu.

— I to jest obserwacja. Zdanie o niebezpiecznej strefie jest już wnioskiem.

Antek wrócił do własnej notatki.

Lena miała rację.

AI nie wymyśliło zupełnie nowego problemu. Po prostu poszło o jeden krok dalej niż zapisane dane.

— Czyli odpowiedź jest błędna?

— Niekoniecznie — powiedziała Lena. — Wniosek może być rozsądny. Ale nie może udawać faktu.

Maks oparł dłonie o stół.

— Czyli stara zasada z KORI wraca.

Antek pamiętał ją bardzo dobrze.

— Fakty oddzielamy od przypuszczeń.

— I od wniosków AI — dodała Lena.

Antek zapisał to w NOTATNIKU.

Od tego momentu postanowili też nie wrzucać wszystkiego do jednej niekończącej się rozmowy z AI.

Na razie wystarczyły trzy osobne tematy pracy:

```
KORI --- TECHNIKA
SZKOŁA --- BEZPIECZEŃSTWO
KSIAZKA_02
```

Antek zapytał:

— Czyli trzy rozmowy z tym samym AI?

— Trzy różne problemy — odpowiedziała Lena. — Nie mieszajmy wszystkiego tylko dlatego, że komputer potrafi rozmawiać o wszystkim.

Na tym poprzestali.

Antek zauważył na ekranie różne możliwości organizowania rozmów i materiałów, ale nie próbował jeszcze ich wszystkich rozumieć.

Przyjdzie na to czas, kiedy naprawdę będą potrzebne.

Antek zauważył

W pracy z AI łatwo zgromadzić wiele rozmów, notatek i plików. Nie trzeba od razu poznawać wszystkich funkcji programu. Na początku wystarczy jedna prosta zasada:

jeden wyraźny problem — jedno uporządkowane miejsce pracy

Dopiero później warto poznawać bardziej rozbudowane sposoby organizowania projektów, rozmów i ich wariantów.

AI zauważa, Maks naprawia

Maks wrócił do danych KORI.

Wybrał krótki zapis z testu. Nie przesłał obrazu ani nagrania. Tylko znaczniki czasu, stan ruchu, poziom baterii i komunikaty czujników.

Antek tym razem nie napisał:

„Co tu jest nie tak?"

Po kilku minutach rozmowy z Leną sformułowali bardziej precyzyjne polecenie.

Zapytaj AI

W danych z krótkiego testu robota znajdują się znaczniki czasu, stan ruchu, poziom baterii i komunikaty czujników.
Wskaż tylko zdarzenia, które różnią się od normalnej sekwencji START–RUCH–STOP.
Nie określaj przyczyny.
Dla każdego nietypowego zdarzenia zaproponuj jedno pytanie, które człowiek powinien sprawdzić.

AI wskazało brak odpowiedzi czujnika numer 2.

Nie napisało, że czujnik jest uszkodzony.

Zaproponowało pytanie:

Czy brak odpowiedzi powtórzył się podczas kolejnego testu?

Maks odruchowo sięgnął po śrubokręt.

Lena zatrzymała go ruchem dłoni.
— Najpierw test.
Maks spojrzał na nią.
— Pytanie jest dobre.
— Właśnie dlatego odpowiedzmy na nie, zanim rozkręcisz robota.
Powtórzyli próbę.
Czujnik zadziałał.
Drugi test.
Znów brak odpowiedzi.
Dopiero wtedy Maks otworzył obudowę.
Kilka minut później znalazł lekko poluzowane złącze.
Poprawił je.
Trzeci test przeszedł bez błędu.
Antek spojrzał na ekran.
— Czyli AI znalazło usterkę.
Lena pokręciła głową.
— Nie. AI zauważyło nietypowy wpis i zaproponowało pytanie. Maks znalazł usterkę.
Maks zamknął obudowę.
— I tak może zostać.
Antek oparł się o krzesło.
Na stole stał KORI.
Obok laptop z danymi.
W telefonie miał własne notatki.
Na drugim ekranie otwarte było okno AI.
Jeszcze kilka miesięcy wcześniej ich zespół wyglądał prościej.
Maks rozkręcał.
Lena mierzyła.
Antek zapisywał.
Teraz pojawiło się narzędzie, które potrafiło w kilka sekund przejrzeć długi tekst, porównać dane, uporządkować notatki, zaproponować pytania albo wyjaśnić fragment kodu.
Było bardzo użyteczne.
Ale nie było nieomylne.
I nie miało podejmować za nich decyzji.
— Wiecie, co jest dziwne? — powiedział Antek.
Maks odłożył śrubokręt.
— Dużo rzeczy. Sprecyzuj.
— Jeszcze niedawno otwierałem AI tylko wtedy, kiedy czegoś nie wiedziałem. Teraz zaczynamy używać go przy wszystkim.

Lena odpowiedziała spokojnie:
— Nie przy wszystkim. Przy tych zadaniach, w których naprawdę pomaga.
Antek zastanowił się.
— Trochę jakby doszedł nam czwarty członek zespołu.
Maks pomyślał o KORI.
— KORI się obrazi.
— KORI nie liczę.
— KORI słyszał.
— KORI nie słyszy, jeśli nie włączysz mikrofonu.
Maks wskazał na telefon robota.
— Dobrze, że to wiesz.
Antek się roześmiał.
Lena jednak nie żartowała.
— Jeśli chcemy tak często korzystać z AI, ustalmy zasady.
Maks otworzył pusty dokument.
— Dobra. Pisz.
Powstała krótka lista.

Zasady zespołu: AI

1. Najpierw określamy, jaki problem chcemy rozwiązać.
2. Do AI przekazujemy tylko informacje potrzebne do zadania.
3. Dobre pytanie zawiera kontekst, cel i ograniczenia.
4. Odpowiedź AI sprawdzamy, zwłaszcza gdy dotyczy faktów, bezpieczeństwa lub decyzji.
5. AI może proponować. Człowiek decyduje.
6. Jeśli nie rozumiemy odpowiedzi, pytamy dalej zamiast udawać, że rozumiemy.

Antek przeczytał ostatni punkt.
— Ten jest dla mnie?
— Dla wszystkich — odpowiedziała Lena.
Maks spojrzał znad KORI.
— Głównie dla ciebie.
— Dzięki.
— Nie ma za co.
Po lekcjach Antek zadzwonił do dziadka.
Nie dlatego, że miał problem.
Jeszcze nie.
Chciał mu tylko opowiedzieć o LAB-ie, KORI i o tym, jak zmiana jednego pytania całkowicie zmieniła odpowiedź AI.

Dziadek wysłuchał historii.
— Czyli odkryłeś, że komputer odpowiada na pytanie, które mu zadajesz, a nie na to, które miałeś w głowie.
— W dużym uproszczeniu.
— To jedno z ważniejszych odkryć w pracy z AI.
Antek obrócił krzesło. Na monitorze nadal był otwarty folder `KSIAZKA_02`.
— A jak z LaTeX-em? — zapytał.
— Co z LaTeX-em?
— Przy pierwszej książce mówiłeś, że nie muszę znać wszystkich poleceń. Teraz AI umie pisać kod. To znaczy, że w ogóle nie muszę go znać?
Dziadek przez chwilę milczał.
— Nie musisz znać całego LaTeX-a.
— Czyli miałem rację.
— Nie skończyłem.
Antek westchnął.
— Oczywiście.
— Musisz wiedzieć, jaki efekt chcesz osiągnąć. Musisz rozumieć podstawową strukturę dokumentu. I musisz umieć sprawdzić, czy kod, który dostałeś, rzeczywiście działa tak, jak chciałeś.
— Czyli AI może napisać kod za mnie.
— Może pomóc go napisać.
— To prawie to samo.
— Nie. Jeśli po jednej poprawce nagle znikną ci trzy strony, ilustracja przejdzie do innego rozdziału, a numeracja się rozsypie, szybko zobaczysz różnicę.
Antek spojrzał na pusty dokument.
— Brzmi zachęcająco.
Dziadek się roześmiał.
— Kiedy działa, LaTeX potrafi wykonać za ciebie ogromną część nudnej pracy.
— A kiedy nie działa?
— Wtedy uczysz się zadawać jeszcze lepsze pytania.
Po rozmowie Antek przeniósł z telefonu kolejną notatkę głosową na komputer.
Tym razem nie wkleił jej od razu do AI.
Najpierw przeczytał.
Poprawił dwa błędnie rozpoznane słowa.
Usunął powtórzenie.
Dopisał datę.
Dopiero potem poprosił:

Zapytaj AI

Uporządkuj tę notatkę, ale nie zmieniaj sensu i nie dodawaj nowych faktów. Na końcu wypisz trzy pytania, które warto zadać przed dalszą pracą.

AI odpowiedziało.
Pierwsze dwa pytania były przewidywalne.
Trzecie zatrzymało Antka.

Jaki rzeczywisty problem chce rozwiązać wasz zespół?

Nie wiedział.
Jeszcze.
Na grupie KORI pojawiła się wiadomość od Maksa.
MAX: Jutro krótki test ruchu w LAB-ie.
Po chwili Lena dopisała:
LENA: W LAB-ie.
MAX: Wiem.
LENA: Piszę dla pewności.
Antek odpowiedział:
ANTEK: AI pyta, jaki problem naprawdę chcemy rozwiązać.
Maks odpisał po kilku sekundach.
MAX: Najpierw sprawdźmy, jakie mamy problemy.
Lena:
LENA: To akurat dobre pytanie.
Antek spojrzał na dokument `KSIAZKA_02`.
Wczoraj była w nim tylko notatka z pierwszego dnia.
Dziś materiału było już znacznie więcej.
Nadal nie miał drugiej książki.
Ale miał coś, co zaczynało być równie ważne.
Dobre pytanie.
A teraz wiedział już, że od dobrego pytania czasem zaczyna się znacznie więcej niż dobra odpowiedź.

Spróbuj sam

Wybierz dowolny problem ze szkoły albo codziennego życia. Zadaj AI najpierw bardzo ogólne pytanie, a później drugie — zawierające kontekst, cel, ograniczenia i oczekiwany sposób odpowiedzi. Porównaj wyniki. Zaznacz, które elementy są faktami, które propozycjami, a które wymagają sprawdzenia.

3 Pierwszy test KORI

Następnego dnia Maks przyszedł do szkoły wcześniej niż zwykle.

Nie dlatego, że nagle polubił poranki.

Chciał mieć pół godziny spokoju w LAB-ie, zanim korytarze wypełnią się uczniami.

Kiedy Antek wszedł do pracowni, KORI stał już na podłodze pomiędzy dwoma stołami. Obok leżała taśma miernicza, kilka niewielkich pudełek i laptop Maksa.

Lena siedziała przy drugim komputerze.

Na ekranie miała otwarty prosty arkusz z kolumnami:

```
CZAS --- POZYCJA --- ZDARZENIE --- UWAGA
```

Antek zatrzymał się przy drzwiach.

— Wy naprawdę zaczęliście beze mnie?

Maks nie oderwał wzroku od KORI.

— Nie zaczęliśmy. Przygotowujemy się.

— To brzmi podejrzanie podobnie.

Lena wskazała krzesło.

— Usiądź. Za pięć minut przychodzi pan Nowak.

Pan Nowak prowadził Pracownię Projektów Uczniowskich. Dzień wcześniej zgodził się, aby zespół wniósł KORI do LAB-u, ale zastrzegł wyraźnie, że robot nie może po prostu wyjechać na szkolny korytarz dlatego, że Maks uznał to za dobry pomysł.

Maks przyjął to zaskakująco spokojnie.

Antek podejrzewał, że tylko dlatego, iż spodziewał się dostać zgodę później.

— Co testujemy? — zapytał.

Maks podniósł tablet.

— Najpierw podstawy. Czy KORI przejedzie wyznaczoną trasę, zatrzyma się przed przeszkodą i wróci do punktu startowego. Bez żadnych cudów.

— A AI?

— Na razie nie steruje robotem — odpowiedziała Lena. — I dobrze.

Antek spojrzał na nią.

— Przecież wczoraj mówiłaś, że może analizować dane.

— Analizować. Nie prowadzić.

Maks w końcu odwrócił się od robota.

— KORI ma własne proste sterowanie. Czujniki pilnują przeszkód i krawędzi. Telefon zbiera dodatkowe dane i może przesłać nam komunikat. AI ma pomóc później znaleźć coś nietypowego w zapisach.

— Czyli robot jedzie sam, ale AI nie trzyma kierownicy.
— KORI nie ma kierownicy — zauważył Maks.
— Wiesz, o co mi chodzi.
— Wiem. Ale technicznie było niepoprawnie.
Antek usiadł.
Nowa szkoła najwyraźniej nie zmieniła Maksa aż tak bardzo.
Kilka minut później do LAB-u wszedł opiekun pracowni pan Nowak.
Nie był sam.
Towarzyszyła mu nauczycielka informatyki, pani Borkowska, która odpowiadała w szkole również za część projektów cyfrowych.
Maks od razu wyprostował się przy stole.
— Dzień dobry.
— Dzień dobry — odpowiedział pan Nowak. — To jest ten słynny KORI?
Maks popatrzył z uśmiechem na Antka.
— Jeszcze nie słynny.
— I oby przez chwilę tak zostało — dodała Lena.
Pani Borkowska przyjrzała się robotowi.
— Wygląda jak odkurzacz.
— Bo nim był — wyjaśnił Maks. — I nadal potrafi sprzątać.
— A czego ma się nauczyć teraz?
To pytanie zatrzymało Maksa na moment.
Antek zauważył to od razu.
W pierwszym tomie odpowiedź byłaby prosta: KORI miał wykonać wyznaczoną trasę.
Teraz zespół chciał czegoś więcej, ale sam jeszcze nie potrafił określić dokładnie czego.
Lena odpowiedziała ostrożnie:
— Na razie chcemy sprawdzić, czy potrafi wiarygodnie obserwować swoją trasę i zgłaszać sytuacje, które odbiegają od normalnego przejazdu. Bez oceniania ludzi i bez podejmowania decyzji za człowieka.
Pani Borkowska kiwnęła głową.
— To brzmi rozsądnie.
Pan Nowak spojrzał na Maksa.
— Pokażcie test.
Maks sprawdził panel i wyłączył odkurzanie.
— Dzisiaj bez sprzątania? — zapytał Antek.
— Dzisiaj testujemy mobilność, zatrzymanie i dane — odpowiedział Maks. — Szczotki nie są nam do tego potrzebne.
Maks nacisnął START.
KORI ruszył.

Pierwszy test

Powoli.

Tak powoli, że Antek zdążył spojrzeć na Maksa, potem na Lenę, a potem jeszcze raz na robota.

— Miał być szybszy.

— Miał być dokładny — odpowiedział Maks.

KORI dojechał do pierwszego pudełka.

Zatrzymał się.

Obrócił.

Pojechał dalej.

Przy krześle zatrzymał się ponownie, tym razem trochę wcześniej.

Lena zanotowała czas.

— Czujnik przedni zareagował szybciej.

Maks spojrzał na dane.

— O trzydzieści dwa centymetry.

— To dużo?

— Jeszcze nie wiem.

Antek wyjął telefon.

Otworzył NOTATNIK, nacisnął mikrofon i zaczął mówić półgłosem:

— Test numer jeden. KORI przejeżdża trasę w LAB-ie. Przy drugiej przeszkodzie zatrzymał się wcześniej niż przy pierwszej. Nie wiadomo jeszcze dlaczego.

Lena usłyszała ostatnie zdanie.

— Dobrze.
Antek przerwał dyktowanie.
— Co dobrze?
— Że powiedziałeś „nie wiadomo dlaczego”, a nie „czujnik działa źle”.
— Uczę się.
— Powoli.
— Ale dokładnie — wtrącił Maks, nie podnosząc wzroku znad laptopa.
KORI ruszył ponownie.
Minął drugi punkt.
Dotarł do końca trasy.
Obrócił się.
I wtedy zatrzymał się bez wyraźnego powodu.
Na laptopie Maksa pojawił się komunikat:

```
STOP --- PRZESZKODA PRZÓD
```

Przed robotem nie było niczego.
Maks podszedł bliżej.
— Nie podoba mi się to.
— Co widzi czujnik? — zapytała pani Borkowska.
— Właśnie próbuję sprawdzić.
Lena podniosła rękę.
— Najpierw zapiszmy, co wiemy.
Maks westchnął, ale nie protestował.
Antek przeczytał z ekranu:
— KORI zatrzymał się. System zgłosił przeszkodę. Przed robotem nie widzimy przeszkody.
— Dobrze — powiedziała Lena. — To są fakty.
— A przypuszczenia?
— Mogą być różne.
Pani Borkowska przyklękła obok robota.
Na błyszczącej części podłogi padał mocny prostokąt światła z okna.
— Czy ten czujnik może reagować na odbicie?
Maks popatrzył na podłogę.
— Może.
Przesunęli trasę pół metra w bok.
Powtórzyli próbę.
KORI przejechał bez zatrzymania.
Potem ustawili go ponownie w miejscu, gdzie światło odbijało się od podłogi.
Znów stanął.

— Czyli mamy przyczynę — powiedział Antek.

Lena popatrzała na niego zagadkowo.

Antek poprawił się natychmiast:

— Mamy podejrzenie przyczyny.

— Lepiej.

Maks zapisał parametry czujnika.

— I właśnie po to robi się testy.

Antek zauważył

Jeżeli urządzenie zachowuje się inaczej, niż oczekujemy, pierwsza odpowiedź nie zawsze jest prawdziwą przyczyną.

Warto rozdzielić trzy rzeczy:

- **obserwację** — co rzeczywiście się wydarzyło,
- **hipotezę** — co mogło być przyczyną,
- **test** — jak sprawdzić, czy hipoteza ma sens.

AI może pomóc zaproponować hipotezy i testy, ale wynik nadal trzeba sprawdzić w rzeczywistym świecie.

Po zakończeniu przejazdu Lena skopiowała zapis z testu do osobnego pliku.

Nie przesyłała do AI obrazu z całej pracowni.

Wybrała tylko dane techniczne: czas, pozycję, status czujników i moment zatrzymania.

Antek otworzył rozmowę oznaczoną:

```
KORI --- TECHNIKA
```

Tym razem nie zaczynał od pytania: „Co się stało?”

Razem z Leną przygotował bardziej precyzyjne polecenie.

Zapytaj AI

Poniżej znajdują się dane z trzech krótkich testów robota.

W dwóch przejazdach robot zatrzymał się w tym samym miejscu i zgłosił przeszkodę z przodu. Po przesunięciu trasy o około pół metra zatrzymanie nie wystąpiło.

Nie podawaj jednej pewnej przyczyny. Zaproponuj trzy możliwe hipotezy oraz dla każdej prosty test, który pozwoli ją sprawdzić.

AI odpowiedziało po kilku sekundach.

Wśród propozycji znalazły się:

1. odbicie światła lub właściwości powierzchni,
2. chwilowe zakłócenie czujnika,

3. rzeczywista niewielka przeszkoda niewidoczna z pozycji obserwatora.

Przy każdej hipotezie pojawił się sposób weryfikacji.

Maks przeczytał całość.

— Pierwszą już sprawdziliśmy.

— Nie do końca — odpowiedziała Lena. — Sprawdziliśmy, że po zmianie miejsca problem zniknął. Możemy jeszcze zasłonić światło i powtórzyć test w tym samym punkcie.

Maks spojrzał na nią.

— Ty naprawdę nie odpuszczasz.

— Dlatego nie rozkręciliśmy wczoraj sprawnego czujnika.

Pani Borkowska uśmiechnęła się.

— Dobrze. Zróbcie jeszcze ten test.

Zasłonili dolną część okna.

KORI przejechał bez problemu.

Maks wpisał do notatki:

```
HIPOTEZA POTWIERDZONA W TESTACH: WPŁYW ODBICIA ŚWIATŁA
```

Antek od razu sięgnął po telefon.

— Zapisuję.

— Głosowo? — zapytał pan Nowak.

— Szybciej. Telefon robi transkrypcję, a później przenoszę ją na komputer.

— I co dalej?

Antek wzruszył ramionami.

— Czytam. Poprawiam. A jeśli materiału jest dużo, AI pomaga mi go uporządkować.

Pan Nowak spojrzał na niego z zainteresowaniem.

— Czyli AI pisze za ciebie?

— Nie. Gdyby pisało za mnie, nie wiedziałbym, co powiedzieć do telefonu.

Maks parsknął śmiechem.

— To akurat uczciwe.

Po ostatniej próbie pan Nowak podszedł do drzwi LAB-u i spojrzał na pusty jeszcze korytarz.

— Dobrze. Mam propozycję.

Maks natychmiast się zainteresował.

— Jaką?

— Jutro rano, zanim zacznie się normalny ruch, zrobimy jeden krótki przejazd poza pracownią. Od LAB-u do końca korytarza i z powrotem.

Antek spojrzał na Maksa.

Maks próbował wyglądać spokojnie.

Obserwacja, hipoteza, test

Nie wychodziło mu.

Pan Nowak uniósł palec.

— Pod nadzorem. Bez nagrywania ludzi. Bez samodzielnego jeżdżenia po szkole. I jeśli pojawi się problem, zatrzymujemy test.

— Jasne — odpowiedziała Lena.

Maks również skinął głową.

— Jasne.

Antek wyjął telefon.

— Tego też nie musisz nagrywać — powiedział Maks.

— Muszę.

— Dlaczego?

Antek nacisnął mikrofon.

— Dzień trzeci. KORI dostał zgodę na pierwszy test poza LAB-em.

Maks poczuł ulgę i powiedział.

— Wiedziałem.

Jedna rzecz, której nie testowali

Po lekcjach Antek wrócił do notatki z rana.

AI uporządkowało materiał w kilka punktów.

Jedna rzecz zwróciła jego uwagę.

Test obejmował reakcję na przeszkody, ale nie sprawdzał innych zmian w otoczeniu.

Antek przeczytał zdanie drugi raz.
To nie był zarzut.
Po prostu fakt.
KORI umiał zatrzymać się przed pudełkiem.
Potrafił zgłosić nietypowy komunikat czujnika.
Ale szkolny korytarz nie składał się tylko z pudełek i krzeseł.
Byli tam ludzie.
Plecaki.
Drzwi.
Schody.
Butelki z wodą.
Rowery przed wejściem.
Hulajnogi.
Setki drobnych sytuacji, których nie dało się ustawić wcześniej w LAB-ie.
Antek dopisał w NOTATNIKU:
— Pytanie na jutro: czego KORI może nie zauważyć, jeśli szukamy tylko tego, co wcześniej przewidzieliśmy?
Przez chwilę patrzył na transkrypcję.
Potem dodał:
— I czego nie powinien próbować oceniać.
Tym razem nie potrzebował Leny, żeby przypomnieć sobie o drugiej części.

4 Sekunda przed upadkiem

Następnego ranka korytarz przed LAB-em był prawie pusty.
Prawie.
Woźny przesuwał wózek z materiałami do jednej z sal.
Dwóch nauczycieli szło w stronę pokoju nauczycielskiego.
Na końcu korytarza ktoś właśnie otwierał okno.
Normalny szkolny dzień jeszcze się nie zaczął.
Dla KORI był to pierwszy dzień, kiedy miał wyjechać poza LAB.
Pan Nowak stał przy drzwiach pracowni.
Obok niego pani Borkowska.
Lena miała laptop.
Maks tablet z panelem KORI.
Antek smartfon.
— Dlaczego ty masz telefon? — zapytał Maks.

— Dokumentacja.
— My mamy dwa komputery.
— One zapisują KORI. Ja zapisuję nas.
Maks uznał najwyraźniej, że dalsza dyskusja nie ma sensu.
Pan Nowak przypomniał zasady:
— Trasa tylko do końca tego korytarza. Robot nie wjeżdża na schody ani do innych części budynku. Nie nagrywacie osób. Jeśli ktoś pojawi się na trasie, zatrzymujecie test.
Lena od razu odpowiedziała:
— Jasne.
Maks pokazał ekran.
— Kamera telefonu będzie wykonywała tylko pojedynczy kadr, kiedy system wykryje nietypową sytuację albo KORI zatrzyma się bez oczywistej przyczyny.
Pani Borkowska spojrzała na niego.
— I te obrazy zostają tylko w projekcie testowym?
— Tak.
— Dobrze.
Antek zapisał w NOTATNIKU:
— Pierwszy test korytarzowy. Ograniczona trasa. Bez ciągłego nagrywania. Obraz tylko przy zdarzeniu.
Lena spojrzała na niego z boku.
— Bardzo formalnie.
— Rozwijam się.
Maks ustawił KORI na początku trasy.
— Gotowi?
Pan Nowak skinął głową.
Maks nacisnął START.
KORI ruszył.
Pierwsze dziesięć metrów minęło bez problemu.
KORI jechał środkiem wyznaczonego fragmentu korytarza.
Przy otwartych drzwiach jednej z sal zwolnił, ale nie zatrzymał się.
Maks obserwował dane.
— Wszystko normalnie.
Lena zapisała czas.
Antek dyktował krótkie uwagi.
KORI dotarł do końca korytarza.
Obrócił się.
Ruszył w drogę powrotną.
I wtedy zatrzymał się.

Pierwszy raz poza LAB-em

Na ekranie Maksa pojawił się zwykły komunikat:

```
STOP
```

Po sekundzie doszedł drugi:

```
NIETYPOWY OBRAZ PODŁOGI --- WERYFIKACJA
```

Maks uniósł głowę.
— Tego nie planowałem.
— Co dokładnie się uruchomiło? — zapytała Lena.
— Porównanie obrazu przed robotem z normalną podłogą. Eksperymentalne.
Antek podszedł pół kroku bliżej.
— Co widzi?
Na laptopie Leny pojawił się pojedynczy kadr z kamery telefonu KORI.
Fragment podłogi był ciemniejszy i błyszczał.
AI nie napisało „woda".
Nie napisało „zagrożenie".
Ekran laptopa wyświetlił interpretację zdjęcia od AI:

Zapytaj AI

Na fragmencie podłogi widoczna jest powierzchnia różniąca się od sąsiedniego obszaru. Może to być ciecz, odbicie światła albo inna zmiana powierzchni.
Zalecenie: sprawdzić na miejscu. Nie określać przyczyny bez weryfikacji.

Lena spojrzała na Maksa.
— Zatrzymaj KORI.
— Już stoi.
Pan Nowak podszedł do miejsca wskazanego na obrazie.
Na podłodze rzeczywiście była woda.
Niewielka kałuża rozciągała się od ściany prawie do środka korytarza.
Kilka metrów dalej leżała plastikowa butelka.
Korek był odkręcony.
— To woda — powiedział pan Nowak.
Antek zauważył, że Lena dopiero wtedy wpisała do tabeli:

`POTWIERDZONE: MOKRA PODŁOGA`

Wcześniej tego nie zrobiła.
Maks zerknął na ekran.
— Czyli zadziałało.
— Zadziałało zgłoszenie — poprawiła Lena. — Nie wiedzieliśmy, co to jest, dopóki pan Nowak nie sprawdził.
Pan Nowak odwrócił się w ich stronę.
— I tak ma zostać.
W tym samym momencie na schodach pojawiły się głosy.
Pierwsi uczniowie zaczynali przychodzić wcześniej na lekcje.
Zza zakrętu wyszła grupa czterech osób.
Szli szybko.
Jedna z dziewczyn patrzyła w telefon.
Chłopak obok niej mówił coś do kolegi i nie patrzył pod nogi.
Pan Nowak natychmiast stanął przed mokrym fragmentem podłogi.
— Uwaga, mokro. Przejdźcie drugą stroną.
Grupa zwolniła i ominęła miejsce.
Dziewczyna schowała telefon.
— Co się stało?
— Rozlana woda. Już sprzątamy.
Po chwili uczniowie poszli dalej.
Nie było krzyku.

Nie było upadku.
Nie było nawet większego zamieszania.
Antek patrzył jednak na kałużę i na KORI stojącego kilka metrów dalej.
Pomyślał o tym, jak łatwo całe zdarzenie mogło wyglądać inaczej.
Wystarczyłaby jedna osoba biegnąca trochę szybciej.
Jedna sekunda nieuwagi.

Nietypowy obraz podłogi

Kilka minut później mokra podłoga była już oznaczona i wycierana.
KORI wrócił do LAB-u.
Test formalnie zakończył się wcześniej, niż planowali.
Nikt jednak nie narzekał.
Pani Borkowska otworzyła zapis zdarzenia.
— Chcę zobaczyć dokładnie, co zostało zapisane.
Lena pokazała pliki.
Czas.
Pozycja.
Komunikat KORI.
Jeden kadr obrazu.
Odpowiedź AI.
Potwierdzenie człowieka.
Nic więcej.
Pani Borkowska przeczytała wszystko.
— To jest dobry przykład.

— Czego? — zapytał Antek.
— Tego, jak łatwo byłoby zrobić to źle.
Antek nie spodziewał się takiej odpowiedzi.
Nauczycielka wskazała kolejno na ekran.
— Robot zauważył zmianę. System zrobił jeden obraz. AI podało kilka możliwych interpretacji. Człowiek sprawdził. Dopiero później zapisaliście „mokra podłoga".
Lena skinęła głową.
— Tak miało działać.
— I właśnie dlatego warto pilnować kolejności.
Maks usiadł przy stole.
— Gdyby AI napisało „woda", też byśmy sprawdzili.
— Wy może tak — odpowiedziała pani Borkowska. — Ale jeśli kiedyś taki system będzie używany dłużej, ludzie szybko przyzwyczajają się do komunikatów. Dlatego lepiej, żeby system nie udawał pewności, której nie ma.
Antek zanotował to w telefonie.
Tym razem bez skracania.

KORI zauważa. AI interpretuje. Człowiek decyduje.

W tej scenie żaden element systemu nie działa samodzielnie od początku do końca.

1. KORI zauważa zmianę na trasie.
2. System zapisuje tylko dane potrzebne do sprawdzenia zdarzenia.
3. AI proponuje możliwe wyjaśnienia, ale nie udaje pewności.
4. Człowiek sprawdza sytuację.
5. Dopiero potem podejmowana jest decyzja.

Technologia może przyspieszyć zauważenie problemu.
Odpowiedzialności nie należy jednak przenosić na urządzenie tylko dlatego, że urządzenie potrafi wygenerować odpowiedź.

Dyrektorka chce zobaczyć KORI

Wiadomość o porannym zdarzeniu dotarła do dyrekcji szybciej, niż Antek się spodziewał.
Jeszcze przed trzecią lekcją pan Nowak znalazł całą trójkę na korytarzu.
— Po lekcjach macie chwilę?
Maks od razu zapytał:
— Co się stało?
— Nic złego. Pani dyrektor chce zobaczyć KORI.

Antek spojrzał na Lenę.
Lena zachowała spokój.
Maks nie.
— Dlaczego?
— Bo usłyszała, że robot zauważył mokrą podłogę wcześniej niż człowiek.
Maks wyraźnie się ucieszył.
Pan Nowak dodał:
— I chce wiedzieć, co dokładnie przez „zauważył" rozumiemy.
Uśmiech Maksa trochę osłabł.
Po lekcjach ustawili KORI na stole w LAB-ie.
Dyrektorka przyszła razem z panem Nowakiem i panią Borkowską.
Antek widział ją wcześniej tylko podczas rozpoczęcia roku.
Teraz podeszła do robota i obejrzała go z każdej strony.
— To jest KORI?
— Tak — odpowiedział Maks.
— Wygląda skromniej, niż się spodziewałam.
Maks uznał to za komplement.
— Tak miało być.
Dyrektorka usiadła przy stole.
— Pan Nowak opowiedział mi o porannym zdarzeniu. Chcę zrozumieć jedną rzecz. Czy KORI rozpoznaje, co widzi?
Lena odpowiedziała pierwsza.
— Nie w taki sposób, żebyśmy mogli traktować to jako pewną ocenę sytuacji. Telefon może zarejestrować pojedynczy obraz przy nietypowym zdarzeniu. AI może go opisać albo wskazać kilka możliwości. Ale wynik musi sprawdzić człowiek.
— Czy nagrywacie uczniów?
— Nie prowadzimy ciągłego nagrania — powiedział Maks. — W dzisiejszym teście obraz powstał dopiero po zatrzymaniu robota.
Dyrektorka spojrzała na panią Borkowską.
Ta potwierdziła:
— Widziałam zapis. Jest ograniczony do zdarzenia.
Dyrektorka znów zwróciła się do uczniów.
— A jeśli KORI zobaczy coś nietypowego, kiedy wokół będzie pełno ludzi?
Zapadła chwila ciszy.
To było dokładnie pytanie, na które jeszcze nie mieli gotowej odpowiedzi.
Antek poczuł znajome wrażenie.
Nieprzyjemne tylko przez pierwszą sekundę.
Później zaczynało być ciekawe.
— Musimy ustalić zasady — powiedział.

Lena dodała:
— I zakres. Co wolno obserwować, jakie dane zapisywać i kto może je zobaczyć.
Maks spojrzał na KORI.
— Technicznie możemy ograniczyć bardzo dużo rzeczy.
— W takim razie — powiedziała dyrektorka — nie chcę, żebyście jutro po prostu wypuścili go na korytarz.
Maks westchnął.
— Rozumiem.
— Ale nie powiedziałam „nie".
Maks podniósł głowę.
Dyrektorka przesunęła w ich stronę cienką teczkę.
Na okładce znajdował się napis:

BEZPIECZNA I ZIELONA SZKOŁA

Antek przeczytał tytuł dwa razy.
— Co to jest?
— Program, który chcemy uruchomić w tym roku — wyjaśniła dyrektorka. — Bezpieczeństwo, porządek, oszczędzanie energii i wody, odpady, dojazdy rowerami i hulajnogami. Chcemy, żeby uczniowie nie tylko słuchali o tych problemach, ale proponowali rozwiązania.
Maks skierował wzrok na KORI.
Lena na teczkę.
Antek na oboje.
Dyrektorka zauważyła ich reakcję.
— Widzę, że już macie pomysł.
— Jeszcze nie — odpowiedziała Lena.
— To bardzo dobra odpowiedź.
Antek uśmiechnął się.
Dyrektorka zgodziła się na dalsze próby.
Ale pod warunkami.
KORI miał poruszać się wyłącznie po wcześniej wyznaczonych trasach.
Testy miały odbywać się pod nadzorem.
Nie wolno było identyfikować uczniów ani tworzyć bazy ich twarzy.
Obrazy mogły być zapisywane tylko wtedy, kiedy były potrzebne do sprawdzenia konkretnego zdarzenia.
Każdy nietypowy komunikat miał być traktowany jako informacja do weryfikacji, a nie jako automatyczny alarm.
Jeśli projekt będzie się rozwijał, zasady zostaną zapisane i uzgodnione formalnie.

Bezpieczna i Zielona Szkoła

Maks słuchał uważnie.
Antek też.
Lena robiła notatki.
Kiedy dyrektorka wyszła, przez kilka sekund nikt się nie odzywał.
Pierwszy odezwał się Maks.
— Czyli mamy zgodę.
Lena odłożyła tablet.
— Mamy zgodę warunkową na dalsze testy.
— Czyli zgodę.
— Warunkową.
Antek spojrzał na teczkę pozostawioną na stole.

BEZPIECZNA I ZIELONA SZKOŁA

Potem na KORI.
Potem na własny telefon.
Otworzył NOTATNIK.
— Co zapisujesz? — zapytała Lena.
Antek nacisnął mikrofon.
— Dzisiaj KORI nie zapobiegł wypadkowi.
Maks spojrzał na niego zaskoczony.
— Jak to nie?
Antek kontynuował:

— Zauważył coś nietypowego. My to sprawdziliśmy. Pan Nowak ostrzegł uczniów. Wypadku nie było. To różnica.

Lena uśmiechnęła się.

— Zapisz.

— Właśnie zapisuję.

Antek zatrzymał nagranie.

Po chwili uruchomił mikrofon jeszcze raz.

— I chyba znaleźliśmy pierwszy prawdziwy temat do drugiej książki.

Maks oparł ręce o stół.

— Mokra podłoga?

— Nie.

— KORI?

— Też nie.

Lena popatrzyła na Antka.

— To co?

Antek wskazał na teczkę.

— Co można zrobić z technologią, kiedy najpierw naprawdę zastanowimy się, jaki problem chcemy rozwiązać.

Maks przez chwilę milczał.

— To jest zdecydowanie dłuższy tytuł niż „KORI".

— To nie tytuł.

— Na szczęście.

Pierwszy prawdziwy temat

Spróbuj sam

Pomyśl o sytuacji, w której technologia może zauważyć coś szybciej niż człowiek.
Następnie odpowiedz na cztery pytania:

1. Co urządzenie może rzeczywiście zmierzyć lub zaobserwować?
2. Co jest tylko interpretacją danych?
3. Co powinien sprawdzić człowiek?
4. Kto powinien podjąć ostateczną decyzję?

Spróbuj tak sformułować pytanie do AI, aby odpowiedź wyraźnie oddzielała obserwację od przypuszczenia.

5 Zgoda, ale pod warunkiem

Następnego dnia KORI nie wyjechał z LAB-u.

Maks był tym wyraźnie rozczarowany.

— Przecież wczoraj wszystko zadziałało — powiedział, kiedy spotkali się przed pierwszą lekcją.

Lena zamknęła szafkę i spojrzała na niego.

— Właśnie dlatego dzisiaj ustalamy zasady.

— Zasady już były.

— Były zasady jednego testu. To nie to samo co zasady pilotażu.

Antek szedł obok nich i słuchał rozmowy. Jeszcze kilka dni wcześniej sam prawdopodobnie stanąłby po stronie Maksa. Skoro urządzenie działa, naturalny następny krok wydawał się prosty: używać go częściej.

Teraz nie był już tego taki pewien.

Wczorajsza kałuża pokazała, że KORI rzeczywiście może zauważyć coś pożytecznego.

Pokazała jednak także coś innego.

Kamera.

Obraz.

Dane.

AI.

Ludzie przechodzący korytarzem.

Każdy z tych elementów osobno wyglądał niewinnie. Połączone razem tworzyły system, który należało dobrze zaprojektować, zanim ktokolwiek zacznie mu ufać.

Po drugiej lekcji pan Nowak zaprosił ich do LAB-u.

Na stole leżała kartka zatytułowana:

Zadania pilotażowe KORI — ZASADY WSTĘPNE

Pani Borkowska siedziała przy komputerze. Obok niej stała dyrektorka.
Maks usiadł pierwszy.
— Czyli dzisiaj nie jeździmy?
Dyrektorka uśmiechnęła się.
— Dzisiaj sprawdzamy, czy wiemy, po co chcemy jeździć.
Maks oparł się o krzesło.
— To brzmi gorzej.
— Tylko przez pierwsze pięć minut — odpowiedział pan Nowak.
Lena przesunęła kartkę bliżej siebie.
Na razie zapisano cztery punkty:
1. wyznaczone trasy,
2. określone godziny testów,
3. ograniczone zapisywanie danych,
4. nadzór osoby odpowiedzialnej.

Antek przeczytał listę.
— Brakuje tego, co KORI właściwie może zgłaszać.
— Dokładnie — powiedziała pani Borkowska. — I czego nie powinien próbować zgłaszać.
Maks od razu włączył laptop.
— To możemy rozpisać.
— Najpierw bez komputera — powiedziała Lena.
Maks popatrzył na nią z niedowierzaniem.
— Bez komputera?
— Pięć minut wytrzymasz.
Antek wyjął smartfon.
— A NOTATNIK?
Lena westchnęła.
— Może być.
Antek nacisnął mikrofon.
— Zasady wykonywania pilotażu KORI. Najpierw określamy cel. KORI ma pomagać zauważać nietypowe sytuacje w przestrzeni szkoły, ale nie oceniać ludzi.
Dyrektorka przerwała mu.
— To ważne. Powiedz jeszcze raz.
Antek powtórzył wolniej:
— KORI ma pomagać zauważać nietypowe sytuacje. Nie ma oceniać ludzi.
Telefon zamienił zdanie na tekst.
Tym razem bez błędu.
Przez następne kilkanaście minut lista rosła.

Najpierw zasady

KORI mógł zgłosić, że na trasie pojawił się przedmiot.

Mógł zauważyć zmianę powierzchni podłogi.

Mógł zarejestrować, że przejście zostało zablokowane.

Mógł poinformować, że drzwi, które według planu powinny być zamknięte, pozostają otwarte.

Nie miał natomiast rozstrzygać, czy człowiek zachowuje się „podejrzanie".

Nie miał rozpoznawać nazwisk uczniów.

Nie miał tworzyć list twarzy.

Nie miał nagrywać całych przerw tylko dlatego, że kamera potrafiła pracować bez przerwy.

— A jeśli ktoś będzie stał w miejscu przez dwadzieścia minut? — zapytał Maks.

Pani Borkowska odpowiedziała pytaniem:

— Czy samo stanie w miejscu jest problemem?

Maks zastanowił się.

— Nie.

— To po co system miałby to oceniać?

Maks skinął głową.

— Dobra. Rozumiem.

Antek zapisał w NOTATNIKU:

— Nie wszystko, co nietypowe, jest zagrożeniem.

Lena dodała:
— I nie wszystko, co można zmierzyć, trzeba mierzyć.
Antek dopisał również to zdanie.
Dyrektorka spojrzała na ekran jego telefonu.
— Z tego naprawdę powstaje tekst?
— Tak. Wieczorem będzie na komputerze.
— I potem dajesz go AI?
— Czasem. Najpierw czytam sam.
Pani Borkowska pokiwała głową.
— Dobra kolejność.

Mama zadaje niewygodne pytanie

Wieczorem przy kolacji Antek opowiedział o zasadach pilotażu.

Tata słuchał z zainteresowaniem, szczególnie kiedy pojawił się temat łączności i czujników.

Mama wróciła później niż pozostali, ale zdążyła jeszcze usiąść przy stole.

Antek właśnie tłumaczył Karolowi, że KORI nie będzie jeździł po całej szkole bez kontroli.

— Szkoda — powiedział Karol. — To by się dobrze oglądało.
Mama zdjęła okulary i położyła je obok talerza.
— Co by się dobrze oglądało?
Karol odpowiedział pierwszy:
— KORI jeździ po liceum i łapie problemy.
Antek natychmiast poprawił brata.
— Nie łapie problemów. Zgłasza nietypowe sytuacje.
Mama spojrzała na niego.
— Jakie dane zapisuje?
Antek otworzył usta.
Zamknął je.
Tata uśmiechnął się.
— I zaczęło się.
— Co? — zapytał Antek.
— Prawnik przy stole.
Mama zignorowała komentarz.

— Pytam serio. Jeśli robot ma kamerę i jeździ po szkole, to kto może zobaczyć obrazy? Jak długo je przechowujecie? Czy zapisujecie ludzi? Czy można wyłączyć kamerę? Kto odpowiada za decyzję po takim zgłoszeniu?

Antek spojrzał na Karola.

Karol wzruszył ramionami.
— Ja tylko robię rolki.
— Wiem — powiedział Antek.
Mama napiła się wody.
— Nie mówię, że projekt jest zły. Mówię tylko, że „technicznie możemy” nie jest odpowiedzią na pytanie „czy powinniśmy”.
To zdanie Antek zanotował później w telefonie.
Nie dlatego, że brzmiało mądrze.
Dlatego, że trafiało dokładnie w problem, nad którym pracowali.
Mama nie próbowała rozstrzygać za szkołę wszystkich kwestii prawnych. Powiedziała tylko, że jeśli projekt będzie rozwijany, zasady dotyczące danych i odpowiedzialności muszą zostać uzgodnione przez szkołę, a nie wymyślone przez trójkę uczniów na przerwie.
— I jeszcze jedno — dodała. — Jeśli AI podpowie wam, że coś jest dozwolone, nie traktujcie tego jak opinii prawnika.
— Nawet jeśli brzmi pewnie? — zapytał Karol.
— Szczególnie wtedy.
Tata roześmiał się.
— To samo mówię ludziom o schematach elektrycznych z internetu.
— Czyli wszyscy dorośli mają tę samą zasadę? — zapytał Antek.
— Sprawdzać rzeczy ważne — odpowiedziała mama. — To dość stara praktyka.

Technicznie możemy to nie to samo co powinniśmy

Projekt, rozmowa i gałąź

Następnego dnia Lena przygotowała w narzędziu AI osobny projekt dla nowego przedsięwzięcia.

Na ekranie widniała nazwa:

```
BEZPIECZNA_I_ZIELONA_SZKOLA
```

Antek usiadł obok niej.

— To jest nowy czat?

— Nie tylko. W tym narzędziu możemy mieć projekt, a w nim osobne rozmowy i materiały.

— Czyli projekt to folder?

Lena zastanowiła się.

— Trochę. Ale nie tylko folder. Możemy trzymać razem pliki, ustalenia i kilka rozmów dotyczących jednego większego tematu.

Na ekranie utworzyła trzy rozmowy:

```
01_KORI_TECHNIKA
02_PRYWATNOSC_I_ZASADY
03_KSIAZKA_02
```

Maks popatrzył przez ramię.

— Technika pierwsza. Prawidłowo.

Lena zignorowała komentarz.

Antek zauważył jeszcze jedną opcję.

— A „utwórz gałąź" co robi?

Lena kliknęła przykład.

— Jeśli mamy dobrą rozmowę, ale chcemy sprawdzić dwa różne kierunki, możemy od wybranego miejsca utworzyć osobną gałąź. Oryginał zostaje, a w nowej wersji próbujemy czegoś innego.

— Czyli coś jak „zapisz jako", tylko dla rozmowy?

— Mniej więcej.

Maks podszedł bliżej.

— To może być przydatne.

— W czym?

— Jedna gałąź: KORI ma tylko zgłaszać przeszkody. Druga: sprawdzamy, czy może także wykrywać inne zmiany otoczenia. Nie mieszamy wyników.

Antek skinął głową.

To miało sens.

W pierwszej książce zdarzało mu się prowadzić jedną bardzo długą rozmowę z AI, a później przewijać ekran i szukać informacji sprzed kilkudziesięciu wiadomości.

Teraz po raz pierwszy zaczął patrzeć na rozmowę z AI jak na część większego warsztatu.
Nie jedno pytanie.
Nie jedną odpowiedź.
Proces.

Projekt, rozmowa, gałąź

Nazwy funkcji mogą się różnić w zależności od narzędzia AI, ale można myśleć o nich bardzo prosto:

- **projekt** — jak segregator dotyczący jednego większego przedsięwzięcia; może zawierać materiały i kilka rozmów,
- **rozmowa** — praca nad jednym konkretnym problemem, np. techniką KORI albo tekstem książki,
- **gałąź** — alternatywna droga od wybranego miejsca rozmowy; pozwala sprawdzić inny wariant bez kasowania wcześniejszego.

W praktyce nie trzeba od razu korzystać ze wszystkich tych funkcji. Najpierw warto ustalić:

jaki problem rozwiązuję i jakie materiały są mi do tego potrzebne?

Projekt, rozmowy i gałęzie

Pod koniec dnia zespół miał pierwszą wersję zasad pilotażu.
Nie była długa.

I właśnie to podobało się dyrektorce.

Pilotaż KORI — najważniejsze zasady

1. KORI porusza się tylko po uzgodnionych trasach i w określonych godzinach.
2. System obserwuje zdarzenia i zmiany otoczenia, nie ocenia ludzi.
3. Nie tworzy bazy twarzy ani list osób.
4. Obraz zapisywany jest tylko wtedy, gdy jest potrzebny do weryfikacji konkretnego zdarzenia.
5. Dane oglądają wyłącznie osoby uczestniczące w pilotażu.
6. Nietypowy komunikat nie jest automatycznie alarmem.
7. Człowiek sprawdza sytuację i podejmuje decyzję.

Pan Nowak przeczytał listę.
Pani Borkowska również.
Dyrektorka podpisała zgodę na kolejny etap testów.
Maks powiedział do Antka.
— Czyli teraz możemy jeździć.
Lena odpowiedziała, zanim Antek zdążył otworzyć usta.
— Możemy testować zgodnie z zasadami.
Maks poczuł ulgę.
— Kiedyś będziesz świetnie przygotowywać regulaminy.
— Dziękuję.
— To nie był komplement.
— Przyjmuję mimo wszystko.
Antek wpisał ostatnią uwagę Leny do NOTATNIKA.
Nie dlatego, że było ważne.
Po prostu było logiczne.

6 Mapa Zielonej Szkoły

Teczka „Bezpieczna i Zielona Szkoła” leżała na stole w LAB-ie od dwóch dni.
Nikt jej jednak porządnie nie przeczytał.
Maks zajmował się KORI.
Lena zasadami pilotażu.
Antek notatkami.
W końcu Lena otworzyła dokument i powiedziała:
— Mamy problem.
Maks podniósł wzrok.

— Z KORI?
— Nie. Z nami.
— Gorzej.
Lena rozłożyła na stole kilka stron.
Program szkoły obejmował bezpieczeństwo, czystość, odpady, zużycie energii i wody oraz dojazdy uczniów.
Antek przeczytał nagłówki.
— To jest prawie wszystko.
— Właśnie — odpowiedziała Lena. — Jeśli zaczniemy od wszystkiego, nie zrobimy niczego porządnie.
Maks wskazał KORI.
— Robot może sprawdzić korytarze.
— Nie każdy problem potrzebuje robota.
Maks spojrzał na nią zniesmaczony.
— To było niepotrzebnie osobiste.
Antek roześmiał się.
Lena jednak miała rację.
Jeśli szkolny kran przeciekał, można było to po prostu zgłosić.
Jeśli kosz był źle oznaczony, nie trzeba było budować algorytmu.
Jeśli hulajnogi blokowały przejście, być może wystarczyłoby zmienić miejsce stojaków.
Technologia miała pomagać.
Nie komplikować prostych spraw.

Najpierw spacer

Po lekcjach pan Nowak pozwolił im przejść po szkole z teczką programu.
Bez KORI.
Maks nie protestował, też potrzebował inspiracji.
Bardzo.
Antek otworzył NOTATNIK.
— Nie nagrywaj od razu wszystkiego — powiedziała Lena.
— Czemu?
— Bo po pięciu minutach będziesz miał pół godziny tekstu, którego nie przeczytasz.
Antek schował telefon.
— Dobrze. Najpierw patrzymy.
Zaczęli od wejścia.
Stojaki na rowery były prawie pełne.
Obok znajdowała się strefa dla hulajnóg.

Większość stała prawidłowo.
Dwie pozostawiono tak, że zwężały przejście.
Antek spojrzał na Lenę.
— Mogę już?
— Teraz możesz.
Nacisnął mikrofon.
— Punkt pierwszy: transport. Większość rowerów i hulajnóg stoi prawidłowo. Dwie hulajnogi częściowo zwężają przejście przy wejściu. To obserwacja. Nie wiemy jeszcze, czy zdarza się to często.
Lena skinęła głową.
Poszli dalej.
Przy automacie z napojami stał kosz wypełniony plastikowymi butelkami.
Kilka metrów dalej znajdował się pojemnik do selektywnej zbiórki.
Maks spojrzał na oba.
— Czyli ludzie są leniwi.
Lena odwróciła się do niego.
— To jest interpretacja.
— Bardzo prawdopodobna.
— Nadal interpretacja.
Antek dyktował:
— Punkt drugi: odpady. W zwykłym koszu obok automatu dużo butelek plastikowych. Pojemnik do selektywnej zbiórki stoi kilka metrów dalej. Do sprawdzenia: czy zmiana ustawienia pojemników poprawiłaby segregację.
Maks pokiwał głową.
— Dobra. To już brzmi jak problem do przetestowania.
Przy hali sportowej zauważyli kran przy stanowisku do napełniania bidonów.
Po zakręceniu przez kilka sekund kapała z niego woda.
Antek zrobił notatkę.
Na drugim piętrze w pustym korytarzu świeciło się kilka lamp, mimo że przez duże okna wpadało dużo światła.
Nie wiedzieli, czy oświetlenie było sterowane automatycznie, czy ręcznie.
Zapisali pytanie.
W jednej z sal uchylone okno pozostawało otwarte, choć klimatyzacja pracowała.
Nie wiedzieli, czy to normalna sytuacja, chwilowa potrzeba czy przypadek.
Znów zapisali pytanie.

Po czterdziestu minutach mieli nie listę „błędów szkoły", lecz listę obserwacji.

To była ważna różnica.

Najpierw patrzymy

Zielone nie znaczy tylko „eko"

W LAB-ie rozłożyli wszystkie notatki na dużym stole.

Lena narysowała pięć kolumn:

BEZPIECZEŃSTWO — CZYSTOŚĆ I ODPADY — ENERGIA — WODA — TRANSPORT

Antek spojrzał na tablicę.

— Czyli to jest ta Zielona Szkoła?

— Część zielona — odpowiedziała Lena. — Bezpieczeństwo jest obok, ale wszystko się łączy.

Maks przesunął karteczkę „hulajnogi" pomiędzy transportem a bezpieczeństwem.

— To pasuje do dwóch.

— Właśnie dlatego robimy mapę, a nie pięć osobnych światów.

Antek przypomniał sobie określenie, które często słyszał od dorosłych: zrównoważony rozwój.

Kiedyś brzmiało dla niego jak hasło z dokumentu, którego nikt nie czyta.

Teraz wyglądało prościej.

Jeśli zachęcamy do rowerów i hulajnóg, trzeba jednocześnie zapewnić bezpieczne miejsce do ich pozostawienia.

Jeśli chcemy oszczędzać energię, nie można pogorszyć warunków w klasach.

Jeśli ograniczamy odpady, rozwiązanie musi być wygodne, inaczej ludzie będą je omijać.

— Czyli „zielone" nie oznacza tylko roślin i recyklingu — powiedział Antek.

Lena pokiwała głową.

— Raczej: poprawiaj jedną rzecz tak, żeby nie pogorszyć trzech innych.

Maks popatrzył na nią.

— To powinno być w instrukcji do wszystkiego.

Zielona Szkoła

W tej książce „Zielona Szkoła" nie oznacza szkolnego wyjazdu.
To robocza nazwa programu, w którym uczniowie szukają praktycznych sposobów poprawy codziennego działania szkoły.
Interesują ich między innymi:

- czystość i ograniczanie odpadów,
- rozsądne zużycie energii,
- oszczędzanie wody,
- bezpieczny transport pieszy, rowerowy i hulajnogami,
- porządek i bezpieczeństwo wspólnych przestrzeni.

Najważniejsze pytanie brzmi nie „czy pomysł wygląda ekologicznie?", lecz:

czy naprawdę poprawia sytuację i da się to sprawdzić?

AI porządkuje, ale nie wybiera celu

Antek przeniósł swoje notatki głosowe na komputer.

Po poprawieniu błędów transkrypcji wkleił je do rozmowy:

```
BEZPIECZNA_I_ZIELONA_SZKOLA / OBSERWACJE
```

Wspólnie przygotowali polecenie.

Mapa Zielonej Szkoły

Zapytaj AI

Poniżej znajdują się obserwacje uczniów dotyczące szkoły.
Nie zakładaj przyczyn, których nie podano.
Dla każdej obserwacji:

1. przypisz ją do jednego lub dwóch obszarów: bezpieczeństwo, odpady i czystość, energia, woda, transport,
2. wskaż, jakie dodatkowe dane trzeba zebrać przed zaproponowaniem rozwiązania,
3. zaznacz, czy problem wymaga technologii, czy może da się go rozwiązać prostą zmianą organizacyjną.

AI uporządkowało materiał.

Przy hulajnogach zaproponowało sprawdzenie, jak często blokują przejście i w jakich godzinach.

Przy koszach — porównanie ilości odpadów przed i po ewentualnej zmianie ustawienia.

Przy oświetleniu — ustalenie, jak działa sterowanie oraz czy lampy świecą się bez potrzeby.

Przy kranie — zgłoszenie usterki i sprawdzenie, czy po naprawie problem zniknął.

Maks zatrzymał się przy ostatnim punkcie.

— Czyli tutaj AI proponuje technologię „klucz do kranu”.

Antek roześmiał się.

— Czasem najbardziej zaawansowane rozwiązanie to naprawić to, co jest zepsute.

Lena wskazała na ekran.

— I to jest ważne. KORI nie musi być odpowiedzią na każdy problem w tej teczce.

Maks obruszył się w teatralnym geście.

— Zaczynam czuć się dyskryminowany jako konstruktor.

— Możesz skonstruować dobre miejsce parkowania dla hulajnog, aby się nie przewracały.

— To nie ma silnika.

— Tym lepiej.

Antek otworzył NOTATNIK.

— Zapisuję: „Technologia jest narzędziem, nie celem".

Maks odwrócił się do niego.

— To brzmi jak coś, co powie dziadek.

— W takim razie zapiszę, zanim on to zrobi.

Technologia nie jest odpowiedzią na wszystko

Pod koniec dnia ustalili pierwsze zadanie dla KORI w ramach nowego programu.

Nie miał szukać wszystkiego.

Miał na wyznaczonej trasie rejestrować tylko trzy typy zmian:

1. przeszkodę na przejściu,

2. zmianę powierzchni podłogi,
3. przedmiot, który pozostaje w tym samym miejscu podczas kolejnych przejazdów.

Trzeci punkt zaproponował Maks.

— Po co? — zapytał Antek.

— Bo jeśli coś leży na korytarzu przez kilka godzin, warto przynajmniej sprawdzić, czy ktoś o tym wie.

Lena od razu dopisała:

— System nie ocenia, co to jest. Tylko czas i miejsce.

— Jasne — odpowiedział Maks.

Antek spojrzał na plan trasy.

KORI miał następnego dnia przejechać bocznym korytarzem trzy razy.

Raz rano.

Raz przed południem.

Raz po długiej przerwie.

To wydawało się mało interesujące.

Jak miało się okazać, właśnie ten trzeci punkt był im potrzebny szybciej, niż ktokolwiek przewidział.

7 Torba na parapecie

Pierwszy przejazd rozpoczął się o 8:12.

KORI poruszał się bocznym korytarzem na pierwszym piętrze.

Trasa była spokojna.

Po lewej stronie znajdowały się sale językowe.

Po prawej kilka szerokich okien z niskimi parapetami.

Na końcu korytarza były schody prowadzące do biblioteki.

Maks obserwował panel KORI w LAB-ie.

Lena miała otwarty dziennik zdarzeń.

Antek siedział obok i próbował jednocześnie przeczytać wiadomość z grupy klasowej.

KORI przejechał trasę.

Nie wydarzyło się nic.

— Fascynujące — powiedział Antek.

Maks nie oderwał wzroku od ekranu.

— Najlepszy test to taki, w którym nic się nie dzieje.

— To bardzo zły slogan do książki.

— Ale dobry do systemu bezpieczeństwa.

Lena zapisała:

```
08:12 --- PRZEJAZD 1 --- BEZ ZDARZEŃ
```

Kilka minut później wszyscy poszli na lekcje.
Nie zwrócili uwagi na małą papierową torbę stojącą na parapecie mniej więcej w połowie trasy.
KORI ją zauważył.
Ale pierwszy raz widział ten fragment korytarza w tej konfiguracji.
Dla systemu był to po prostu jeden z wielu przedmiotów w otoczeniu.

Pierwszy przejazd

Drugi przejazd rozpoczął się po dwóch lekcjach.
Tym razem Antek był w LAB-ie.
Miał okienko między zajęciami i postanowił wykorzystać je na uporządkowanie notatek.
Maks przyszedł chwilę później.
Lena miała lekcję informatyki piętro wyżej i obserwowała tylko powiadomienia na telefonie.
KORI ruszył.
Po około minucie system zapisał:

```
OBIEKT --- TO SAMO MIEJSCE --- 1 h 47 min
```

Antek spojrzał na ekran.
— To już coś?
Maks pokręcił głową.
— Jeszcze nie. Ustawiliśmy próg na trzy przejazdy albo dłuższy czas.
— Czemu trzy?

— Żeby robot nie zgłaszał każdego plecaka odłożonego na przerwie.

Antek powiększył pojedynczy kadr.

Papierowa torba.

Bez napisów.

Bez właściciela w bezpośrednim otoczeniu.

Nic szczególnego.

— Może ktoś zapomniał.

— Może.

— Może czeka na kolegę.

— Może.

— Może są tam kanapki.

Maks spojrzał na niego za zdziwieniem.

— AI też tak działa, jeśli nie dasz mu danych?

— Czyli?

— Możemy wymyślić dwadzieścia historii. Żadna nie zmieni faktu, że nie wiemy.

Antek uśmiechnął się.

— To też zapiszę.

— Nie musisz zapisywać wszystkiego, co powiem.

— To przestań mówić dobre rzeczy.

Maks wrócił do panelu.

Trzeci przejazd

Po długiej przerwie KORI ruszył po raz trzeci.

Korytarz był już prawie pusty.

Torba nadal stała na tym samym parapecie.

System porównał pozycję i czas.

Na telefonach całej trójki pojawiło się powiadomienie.

```
OBIEKT W TYM SAMYM MIEJSCU --- 3 PRZEJAZDY
CZAS OBSERWACJI: 3 h 26 min
WYMAGANA WERYFIKACJA
```

Po chwili AI, pracujące tylko na wybranych danych zdarzenia, dodało:

Zapytaj AI

Przedmiot pozostaje w niezmienionej pozycji podczas trzech kolejnych przejazdów.
Na podstawie dostępnych danych nie można ustalić jego zawartości ani przyczyny pozostawienia.

Zalecenie: przekazać informację osobie odpowiedzialnej za bezpieczeństwo i nie wyciągać wniosków co do zawartości przedmiotu.

Maks zapytał Antka.
— Sprawdzimy?
Lena, która właśnie weszła do LAB-u, usłyszała pytanie.
— My nie.
Maks odwrócił się.
— Chciałem tylko zobaczyć z daleka.
— Z daleka już widzimy.
Lena wskazała ekran.
— Zgodnie z zasadami zgłaszamy osobie odpowiedzialnej.
Maks nie dyskutował.
Tym razem nie trzeba było go przekonywać.
Pan Nowak był w sąsiedniej sali.
Po obejrzeniu zapisu zadzwonił do pracownika odpowiedzialnego za bezpieczeństwo szkoły.
KORI pozostał w miejscu.
Zespół również.
Nikt nie szedł dotykać torby.

Trzy przejazdy, ten sam przedmiot

Trzy przejazdy, ten sam przedmiot

Przez kilka minut nic się nie działo.
Potem na korytarzu pojawił się pracownik szkoły i pan Nowak.

Zgodnie ze szkolną procedurą zajęli się sytuacją bez udziału uczniów.
Zespół nie obserwował wszystkiego z bliska.
Nie było takiej potrzeby.
Po pewnym czasie pan Nowak wrócił do LAB-u.
— Sprawa wyjaśniona.
Maks podniósł głowę.
— Co było w torbie?
— Materiały jednego z uczniów do prezentacji. Zostawił je rano i zapomniał zabrać. Nauczyciel pomógł ustalić właściciela.
Antek odetchnął.
— Czyli nic.
Pan Nowak spojrzał na niego.
— Dla właściciela raczej coś.
Antek poprawił się.
— Nic niebezpiecznego.
— Właśnie.
Lena zamknęła dziennik zdarzenia.
— Czyli KORI się nie pomylił.
Maks uniósł brwi.
— Przecież alarm był fałszywy.
— Nie było alarmu — odpowiedziała Lena. — System powiedział tylko, że przedmiot pozostaje w tym samym miejscu przez trzy przejazdy.
Antek przypomniał sobie rozmowę sprzed kilku dni.
— Obserwacja, nie interpretacja.
— Dokładnie.
Pan Nowak usiadł przy stole.
— I dobrze, że tak to ustawiliście.
Antek uruchomił NOTATNIK.
— Zapisuję.
— Co?
Antek mówił do telefonu:
— KORI nie stwierdził, że torba jest niebezpieczna. Zauważył tylko, że przez kilka godzin nikt jej nie zabrał. AI też nie powiedziało, co jest w środku. Decyzję o sprawdzeniu podjął człowiek.
Lena dodała:
— I my jej nie dotykaliśmy.
Antek dopisał to zdanie głosowo.

Fałszywy alarm czy poprawna obserwacja?

Jeżeli system zgłasza:

„Przedmiot pozostaje w tym samym miejscu od ponad trzech godzin”

a później okazuje się, że przedmiot był całkowicie nieszkodliwy, nie oznacza to automatycznie, że system się pomylił.
System poprawnie opisał **obserwowany fakt**.
Błędem byłoby dopiero dopisanie bez podstaw:

„To niebezpieczny przedmiot.”

Dobre systemy pomagają człowiekowi zauważyć sytuację.
Nie powinny udawać, że wiedzą więcej, niż wynika z danych.

Ktoś jednak zrobił nagranie

Zespół uznał sprawę za zakończoną.
Szkoła wróciła do normalnego rytmu.
KORI pojechał do LAB-u.
Maks zapisał dane.
Lena oznaczyła zdarzenie jako:

```
ZWERYFIKOWANE --- PRZEDMIOT NALEŻAŁ DO UCZNIA
```

Antek przesłał swoją notatkę na komputer.
O 16:18 telefon zawibrował.
Nie była to grupa KORI.
Karol.

Wiadomość od Karola

KAROL: To wasz robot?

ANTEK: Jaki robot?

KAROL: Ten, który podobno „znalazł podejrzaną torbę”.

ANTEK: Skąd to masz?

KAROL: Z rolki.

Antek usiadł prościej.
Karol przesłał mu zrzut ekranu.
Na krótkim filmie widać było fragment szkolnego korytarza, KORI stojącego w oddali i pracownika szkoły przy bocznym przejściu.

Nagranie trwało kilka sekund.
Ktoś dodał napis:

ROBOT ZNALAZŁ PODEJRZANĄ TORBĘ W SZKOLE?!

Antek poczuł, jak szybko spokojna historia zaczyna zmieniać się w zupełnie inną.
Przeczytał komentarze.
„Czy on nas nagrywa?"
„Kto widzi te filmy?"
„Rozpoznaje twarze?"
„Serio robot ma pilnować uczniów?"
„A jak się pomyli?"
Antek chciał od razu odpowiedzieć.
Palec znalazł się nad klawiaturą.
Napisał:

To bzdura. KORI nikogo nie szpieguje.

Nie wysłał.
Przypomniał sobie Lenę.
Fakt. Wniosek. Przypuszczenie.
Usunął zdanie.
Zadzwonił do niej.
Lena odebrała po chwili.
— Widziałem rolkę — powiedział Antek.
— Ja też.
— Trzeba odpowiedzieć.
Po drugiej stronie przez moment było cicho.
— Tak — odpowiedziała Lena. — Ale najpierw musimy wiedzieć dokładnie, na co odpowiadamy.
Antek spojrzał jeszcze raz na komentarze.
Nie wszystkie były głupie.
Niektóre pytania sam zadałby kilka dni wcześniej.
Kto widzi dane?
Co zapisuje kamera?
Czy system rozpoznaje ludzi?
Co dzieje się z obrazem?
Kto podejmuje decyzję?
To nie był już tylko problem KORI.
To był problem informacji o KORI.

Antek otworzył NOTATNIK.

Nacisnął mikrofon.

— Nowy temat. To, co system naprawdę robi, i to, co ludzie myślą, że robi, mogą być dwiema zupełnie różnymi rzeczami.

Zatrzymał nagranie.

Po chwili dopisał drugie zdanie.

— A jeśli nie potrafimy tego jasno wyjaśnić, problem może być po naszej stronie.

Jedna rolka zmienia historię

Spróbuj sam

Wyobraź sobie, że widzisz w internecie krótki film pokazujący tylko fragment jakiegoś zdarzenia.

Zanim napiszesz komentarz, odpowiedz:

1. Co na pewno widać lub słychać?
2. Czego na nagraniu nie ma?
3. Jakie wnioski są tylko przypuszczeniem?
4. Jakich informacji potrzebujesz, żeby ocenić sytuację uczciwiej?

To samo ćwiczenie można wykonać z odpowiedzią AI.

Najpierw oddziel dane od interpretacji.

8 Rower, hulajnoga, telefon

Następnego ranka Antek obudził się od wibracji telefonu.
Nie był to budzik.
Karol.

Wiadomość od Karola

KAROL: Ta rolka dalej krąży.
ANTEK: Wiem.
KAROL: Teraz ktoś dopisał, że KORI rozpoznaje twarze.
ANTEK: Nie rozpoznaje.
KAROL: Ja wiem. Oni nie.

Antek usiadł na łóżku.
Przeczytał ostatnie zdanie jeszcze raz.
Ja wiem. Oni nie.
To właściwie opisywało cały problem.
W LAB-ie zespół spotkał się przed pierwszą lekcją.
Lena miała już otwartą rolkę i zapisane komentarze.
Maks wyglądał na zirytowanego.
— Najprościej napisać, że to nieprawda — powiedział.
— Która część? — zapytała Lena.
— Wszystko.
— Nie wszystko. KORI ma kamerę.
— Ale nie śledzi ludzi.
— Wiem. Tylko jeśli odpowiemy „wszystko to bzdura", ktoś pokaże zdjęcie kamery i powie, że kłamiemy.
Maks zamilkł.
Antek usiadł obok Leny.
— To co robimy?
— Najpierw rozdzielamy pytania.
Na tablicy zapisali:

CO KORI ROBI?
CZEGO KORI NIE ROBI?
KTO DECYDUJE?
JAKIE DANE SĄ ZAPISYWANE?

Pan Nowak przyszedł kilka minut później.
Przeczytał listę.
— Dobrze. Tylko nie odpowiadajcie w imieniu szkoły na własną rękę.
Antek odłożył telefon.

— Czyli nic nie publikujemy?
— Wy przygotujcie fakty. Szkoła zdecyduje, jak je przekazać.
To miało sens.
Rolka dotyczyła KORI, ale KORI działał już w ramach szkolnego pilotażu.
Nie był prywatną zabawką Maksa.
Nie był też szkolnym systemem ochrony.
Był projektem uczniowskim testowanym pod nadzorem.
Ta różnica musiała być widoczna.

Cztery zdania zamiast czterdziestu komentarzy

Przez dłuższą chwilę próbowali przygotować krótkie wyjaśnienie.
Pierwsza wersja Antka miała prawie pół strony.
Maks napisał trzy zdania.
Lena skreśliła dwa z nich.
W końcu zostały cztery:

Fakty o pilotażu KORI

1. KORI nie rozpoznaje tożsamości uczniów i nie tworzy bazy twarzy.
2. Nie prowadzi ciągłego nagrywania szkolnych korytarzy.
3. Może zapisać pojedynczy obraz potrzebny do sprawdzenia konkretnego zdarzenia w ramach uzgodnionego testu.
4. Informację z KORI i AI zawsze weryfikuje człowiek; decyzję podejmuje osoba odpowiedzialna w szkole.

Pani Borkowska przeczytała tekst.
— To jest znacznie lepsze niż kłócenie się z komentarzami.
Maks wskazał na ekran.
— Ale ktoś napisał, że KORI „wezwał ochronę".
— A wezwał? — zapytała nauczycielka.
— Nie.
— To nie piszcie: „autor rolki kłamie". Napiszcie, jak było.
Antek otworzył NOTATNIK.
— Zapisuję: jeśli informacja jest błędna, najpierw pokaż fakt. Nie zaczynaj od ataku na osobę.
Lena pokiwała głową.
— To dotyczy nie tylko internetu.
Szkoła przygotowała krótką informację dla uczniów i rodziców o pilotażu.
Bez nazwisk.
Bez wskazywania autora rolki.

Bez żądania usunięcia komentarzy.
Po prostu fakty.
Rolka nadal istniała.
Komentarze również.
Ale przynajmniej obok nich pojawiła się informacja, do której można było się odwołać.

Najpierw fakty

Przed szkołą

Po południu cała trójka wyszła głównym wejściem.
Była 15:07.
To wystarczyło, żeby zrozumieć, dlaczego temat transportu znalazł się w programie „Bezpieczna i Zielona Szkoła".
Przed budynkiem w ciągu kilku minut pojawiło się kilkadziesiąt osób.
Część szła do autobusów.
Część odbierali rodzice.
Kilku uczniów odblokowywało rowery.
Jeszcze więcej podchodziło do hulajnóg.
Jednocześnie wszyscy próbowali znaleźć się w tym samym miejscu.
Antek stał przy stojaku rowerowym i rozmawiał z Maksem, kiedy Lena nagle chwyciła go za rękaw.
— Patrz.

Chłopak na hulajnodze ruszył z miejsca.
Jedną rękę trzymał na kierownicy.
W drugiej miał telefon.
Nie jechał szybko.
Problem polegał na tym, że w tym samym momencie z bocznej ścieżki wyszła dziewczyna prowadząca rower.
Oboje zauważyli się późno.
Hulajnoga zahamowała.
Dziewczyna cofnęła rower.
Nic się nie stało.
Po sekundzie każde pojechało w swoją stronę.
Maks patrzył za nimi.
— To było blisko.
Lena od razu poprawiła:
— Było wystarczająco blisko, żeby oboje gwałtownie zareagowali. Nie wiemy, czy doszłoby do zderzenia.
Antek wyjął smartfon.
— Nie nagrywam ich. Tylko notatkę.
Uruchomił NOTATNIK.
— Godzina 15:08. Przy stojakach rowerowych przecięły się drogi hulajnogi i osoby prowadzącej rower. Osoba na hulajnodze miała telefon w ręce. Oboje zatrzymali się i uniknęli kontaktu. Do sprawdzenia: czy w tym miejscu często krzyżują się kierunki ruchu.
Wyłączył mikrofon.
Maks wskazał na wyjazd.
— I zobacz, gdzie kończy się strefa hulajnóg. Dokładnie przy przejściu pieszych od strony parkingu.
Lena zrobiła zdjęcie samego układu przestrzeni, kiedy ludzie już odeszli.
Bez twarzy.
Bez numerów rejestracyjnych.
Bez konkretnych osób.
— To bardziej użyteczne niż film z incydentu — powiedziała.
— Dlaczego?
— Bo chcemy sprawdzić miejsce, a nie oceniać ludzi.

Nie badamy ludzi. Badamy miejsce

Następnego dnia wrócili przed szkołę piętnaście minut wcześniej.
Tym razem mieli prosty plan.
Nie filmować.

Rower, hulajnoga, telefon

Nie rozpoznawać osób.

Nie zapisywać nazwisk.

Tylko policzyć, jak odbywa się ruch w trzech krótkich przedziałach czasowych.

Lena przygotowała prostą tabelę:

Przedział	rowery	hulajnogi	zablokowane przejście
7:35–7:40			
7:40–7:45			
7:45–7:50			

Maks patrzył na tabelę.

— A telefony?

— Nie liczymy teraz telefonów — odpowiedziała Lena.

— Wczoraj telefon był ważny.

— Wczoraj był elementem konkretnej obserwacji. Dzisiaj sprawdzamy układ ruchu. Jeśli zaczniemy liczyć wszystko, sami nie będziemy wiedzieli, jakie pytanie badamy.

Antek skinął głową.

To była dokładnie ta sama zasada, której nauczyli się przy AI.

Dobre pytanie.

Konkretne dane.

Jeden cel.

Przez piętnaście minut liczyli.

Okazało się, że największy tłok powstawał w ostatnich pięciu minutach przed pierwszym dzwonkiem.

Nie dlatego, że ktoś zachowywał się szczególnie źle.

Po prostu rowery, hulajnogi i piesi spotykali się w zbyt wąskim miejscu.

Maks narysował szybki szkic.

— Gdyby stojak na hulajnogi przesunąć tutaj, ruch rozdzieliłby się wcześniej.

— Może — powiedziała Lena.

Maks spojrzał na nią.

— Znowu „może”?

— Tak. Najpierw pokażmy mapę komuś, kto odpowiada za teren.

Antek uśmiechnął się.

— Coraz mniej rzeczy robimy od razu.

— Za to coraz mniej musimy potem odkręcać — odpowiedziała Lena.

Zielony transport też musi być bezpieczny

Rower i hulajnoga mogą ograniczać liczbę krótkich podróży samochodem.

To jednak nie znaczy, że każde miejsce automatycznie jest dobrze przygotowane do ich używania.

Warto sprawdzić:

- gdzie przecinają się drogi pieszych, rowerów i hulajnóg,
- czy stojaki nie zwężają przejścia,
- kiedy powstaje największy tłok,
- czy rozwiązanie jest wygodne także dla osób, które idą pieszo.

Zrównoważone rozwiązanie powinno być nie tylko „zielone”, ale również praktyczne i bezpieczne.

Po lekcjach pokazali szkic panu Nowakowi.

Ten obejrzał tabelę.

Potem mapę.

— To już jest materiał do rozmowy z administracją szkoły.

Maks wyglądał na zadowolonego.

— Czyli przenosimy stojaki?

— Nie. Najpierw rozmawiamy.

Maks westchnął.

— W tej szkole wszystko ma etap „najpierw”.

Pan Nowak uśmiechnął się.

— Dlatego niektóre rzeczy działają również później.

Antek otworzył NOTATNIK.

Mapa ruchu przed szkołą

Maks odwrócił się do niego.
— Nie zapisuj tego.
Antek nacisnął mikrofon.
— Za późno.
Wieczorem przeniósł wszystkie nowe notatki do komputera.
Rolka o KORI.
Pytania o prywatność.
Hulajnogi.
Ruch przed szkołą.
Mapa.
Woda.
Torba.
LAB.
AI.
Kiedy spojrzał na folder `KSIAZKA_02`, przestał widzieć pusty dokument.
Zobaczył problem zupełnie innego rodzaju.
Materiału było za dużo.

9 Pusta strona nie jest już pusta

W piątek wieczorem Antek otworzył folder:

KSIAZKA_02

Jeszcze kilka dni wcześniej znajdowała się w nim jedna notatka. Teraz lista wyglądała inaczej.

DZIEN_1
KORI_TEST
MOKRA_PODLOGA
ZASADY_PILOTAZU
ZIELONA_SZKOLA
TORBA
ROLKA
ROWERY_HULAJNOGI
POMYSLY_DO_SPRAWDZENIA

Antek przewinął listę.
Potem jeszcze raz.
W pierwszej książce jego problemem była pusta strona.
Teraz miał odwrotny problem.
Stron było za dużo.
Notatki głosowe.
Transkrypcje.
Kilka zdjęć miejsc.
Dane KORI.
Fragmenty rozmów z AI.
Komentarze Leny.
Szkice Maksa.
Wszystko wydawało się potrzebne.
I nic nie wyglądało jeszcze jak książka.
Karol wszedł do pokoju bez pukania.
— Piszesz?
— Próbuję.
Karol spojrzał na ekran.
— To jest dziewięć plików.
— Wiem.
— To nie wygląda jak książka.
Antek odwrócił się do niego.
— Bardzo pomocne.

— Mogę powiedzieć coś jeszcze.
— Nie musisz.
Karol usiadł na brzegu łóżka.
— Jak robię rolkę z wyjazdu babci, też mam dużo filmów. Najpierw wybieram, co w ogóle ma zostać.
Antek spojrzał na niego trochę uważniej.
— I?
— I nie wrzucam wszystkiego tylko dlatego, że to nagrałem.
To zdanie było irytująco rozsądne.
Antek zanotował je.
Karol zauważył ruch ręki.
— Serio?
— Co?
— Zapisujesz to, co powiedziałem?
— Było dobre.
— Powiedz babci.
— Nie przesadzaj.

Za dużo materiału

Nie pisz jeszcze

Antek otworzył pusty dokument.
Na górze wpisał:

ROZDZIAŁ 1

Kursor migał.
Antek napisał jedno zdanie.
Usunął.
Napisał drugie.
Też usunął.
W końcu zadzwonił do Leny.
Po chwili do rozmowy dołączył Maks.
— Mam problem — powiedział Antek.
— Z KORI? — zapytał Maks.
— Nie.
— To gorzej.
Lena od razu przeszła do rzeczy.
— Co próbujesz zrobić?
— Zacząć książkę.
— Po co?
Antek spojrzał na ekran.
— Bo mamy materiał.
— To nie jest odpowiedź.
Maks roześmiał się.
— Teraz ty dostajesz własne pytania.
Antek westchnął.
— Dobra. Chcę zrobić z tych wydarzeń drugą książkę.
— To nadal nie oznacza, że masz zaczynać od pierwszego zdania — powiedziała Lena. — Najpierw zdecyduj, o czym ta książka naprawdę jest.
Antek spojrzał na listę plików.
Czy była o KORI?
Trochę.
O AI?
Też.
O Zielonej Szkole?
Tak.
O bezpieczeństwie?
Zdecydowanie.
O pisaniu książki?
Jeszcze bardziej, niż planował.
— Chyba o tym, jak używać technologii, żeby naprawdę rozwiązywać problemy — powiedział.
Maks dodał:
— I żeby jej nie używać tam, gdzie nie trzeba.

Lena:
— I żeby sprawdzać informacje.
Antek zaczął pisać.
Nie rozdział.
Jedno zdanie robocze:

Trójka uczniów rozwija KORI i korzysta z AI, żeby rozwiązywać rzeczywiste problemy nowej szkoły, a z tych doświadczeń powstaje ich druga książka.

Przeczytał na głos.
Maks milczał.
Lena również.
— Co? — zapytał Antek.
— To jest pierwszy raz od kilku dni, kiedy dokładnie wiadomo, co robimy — powiedział Maks.

Trzy sposoby ułożenia tej samej historii

Antek otworzył projekt `KSIAZKA_02` w narzędziu AI.
Nie chciał, żeby AI pisało za nich rozdział.
Chciał czegoś innego.
Przekleił listę własnych notatek i krótko opisał zawartość każdego pliku.
Potem wpisał:

Zapytaj AI

Na podstawie wyłącznie podanych materiałów zaproponuj trzy różne sposoby uporządkowania książki dla czytelników w wieku około 13–17 lat.
Nie dopisuj nowych wydarzeń.
Wariant A: chronologiczny.
Wariant B: tematyczny.
Wariant C: połączenie historii z krótkimi praktycznymi wyjaśnieniami.
Dla każdego wariantu podaj zalety i możliwe słabości. Nie pisz jeszcze treści rozdziałów.

AI przygotowało trzy układy.
Pierwszy prowadził dzień po dniu.
Nowa szkoła.
KORI.

Test.
Woda.
Zasady.
Torba.
Rolka.
Hulajnogi.
Drugi dzielił wszystko na tematy.
AI.
Bezpieczeństwo.
Ekologia.
KORI.
Tworzenie książki.
Trzeci zachowywał wydarzenia w kolejności, ale pomiędzy scenami proponował krótkie ramki:
Antek zauważył.
AI pomaga.
Sprawdź sam.
Zrób to po swojemu.
Maks przeczytał trzeci wariant.
— Ten brzmi najbardziej jak my.
Lena była ostrożniejsza.
— Pod warunkiem, że nie zamienimy historii w instrukcję obsługi.
Antek spojrzał na swoje wcześniejsze notatki.
To samo rozwiązanie działało już w pierwszej książce.
Czytelnik miał śledzić historię.
Poradnik pojawiał się wtedy, kiedy był potrzebny.
Nie odwrotnie.
— Bierzemy trzeci — zdecydował Antek. — Ale układ rozdziałów ustalamy sami.
— Czyli AI zrobiło trzy propozycje, a my wybieramy czwartą? — zapytał Maks.
— Właśnie.
— Podoba mi się.

AI może zaproponować strukturę. Autor wybiera.

Duży zbiór notatek nie staje się książką tylko dlatego, że został zapisany w jednym folderze.
AI może pomóc:
- pogrupować materiał,
- znaleźć powtarzające się tematy,

Trzy sposoby ułożenia tej samej historii

- zaproponować kilka możliwych układów,
- wskazać luki albo nadmiar podobnych informacji.

Ale to autor powinien zdecydować:

- od czego zaczyna się historia,
- co naprawdę jest ważne,
- co należy skrócić lub usunąć,
- w jakiej kolejności czytelnik odkryje kolejne informacje.

Dobra struktura nie jest najdłuższą listą rozdziałów.
Jest drogą, po której czytelnik chce iść dalej.

Pierwsza mapa książki

W sobotę spotkali się w LAB-ie.

Nie po to, żeby testować KORI.

Po raz pierwszy robot stał z boku i nikt się nim nie zajmował.

Na tablicy Antek napisał:

KSIAZKA_02 — MAPA

Pod spodem pojawiły się pierwsze punkty:

1. nowa szkoła i powrót KORI,
2. AI jako nowy asystent zespołu,

3. testy i pierwsze nietypowe zdarzenie,
4. zasady pilotażu,
5. Bezpieczna i Zielona Szkoła,
6. pozostawiona torba i problem informacji,
7. rowery, hulajnogi i bezpieczeństwo,
8. jak z notatek powstaje książka.

Maks popatrzył na listę.

— Osiem rozdziałów?

— Osiem tematów — poprawił Antek. — Rozdziałów może być więcej.

Lena dopisała na dole:

NIE USTALAĆ TYTUŁÓW ZA WCZEŚNIE

Antek spojrzał na nią.

— Dlaczego?

— Bo potem zaczynasz dopasowywać historię do tytułu zamiast tytuł do historii.

Maks wskazał na pierwszy punkt.

— A „powrót KORI" mamy.

— Tak.

— Czyli jeden rozdział gotowy.

— Tekstowo tak — odpowiedział Antek.

— Co znaczy „tekstowo"?

Antek zawahał się.

Właśnie na to pytanie czekał.

Otworzył wiadomość od dziadka.

Dostał ją rano.

Załącznik:

`SZABLON_KSIAZKI.tex`

Pod spodem jedno zdanie:

Jak już wiesz, co chcesz napisać, możemy zacząć robić z tego książkę.

Maks zwrócił uwagę na rozszerzenie pliku.

— Co to jest „tex"?

Lena uśmiechnęła się.

— Zaraz się dowiesz.

Antek otworzył plik.

Na ekranie pojawiło się:

```
\documentclass
\usepackage
\begin{document}
\chapter{...}
```

Maks patrzył przez kilka sekund.

— To jest książka?

Antek przypomniał sobie własną reakcję, kiedy pierwszy raz zobaczył podobny plik.

— Podobno.

— Wygląda jak szyfr.

— Dziadek mówi, że to LaTeX.

Maks nadal patrzył na ekran.

— To jeszcze bardziej brzmi jak szyfr.

Lena przysunęła krzesło.

— Nie ruszaj niczego.

— Czemu?

— Bo chcę najpierw zrobić kopię.

Antek roześmiał się.

To był chyba najbardziej lenowy początek pracy z LaTeX-em, jaki można było sobie wyobrazić.

Kod, który czeka na następny rozdział

Spróbuj sam

Masz dziesięć różnych notatek do jednego projektu.
Zanim zaczniesz pisać długi tekst:

1. nazwij jednym zdaniem główny temat,
2. pogrupuj notatki w 3–5 większych bloków,
3. poproś AI o dwa lub trzy alternatywne sposoby uporządkowania materiału,
4. wybierz układ samodzielnie i zapisz, dlaczego jest najlepszy dla twojego odbiorcy.

Nie proś od razu o napisanie całego tekstu.
Najpierw zbuduj jego mapę.

10 Kod, który wygląda jak szyfr

Plik od dziadka miał nazwę:

```
SZABLON_KSIAZKI.tex
```

Maks patrzył na ekran, jakby ktoś przesłał im instrukcję sterowania satelitą.

— I to ma być książka?
— Jeszcze nie — odpowiedział Antek.
— A co?
— Kod.
— Czyli książka jest kodem?
Lena przysunęła krzesło.
— Raczej opisem tego, jak książka ma być zbudowana.
Antek kliknął plik.
Na ekranie pojawiło się kilka pierwszych linii:

```
\documentclass
\usepackage
\begin{document}
```

Niżej kolejne polecenia.
Marginesy.
Czcionki.
Nagłówki.
Kolory.
Definicje ramek.

Makra do ilustracji.
Maks przewinął kilka ekranów.
— Kto to wszystko pamięta?
Antek wzruszył ramionami.
— Dziadek twierdzi, że nie trzeba pamiętać wszystkiego.
— To po co to istnieje?
Lena zwróciła się do Maksa.
— Ty też nie pamiętasz wszystkich parametrów każdego czujnika KORI.
— Ale wiem, gdzie sprawdzić.
— No właśnie.
Antek otworzył wiadomość od dziadka.
Były w niej trzy zdania.

Wiadomość od dziadka

Nie próbuj nauczyć się całego LaTeX-a.
Najpierw zrozum strukturę dokumentu.
Potem zmieniaj jedną rzecz naraz i sprawdzaj wynik.

Maks przeczytał ostatnie zdanie.
— „Jedną rzecz naraz" brzmi rozsądnie.
Lena spojrzała na niego.
— Powinieneś wydrukować sobie to nad biurkiem.
— Nie przesadzaj.

Co jest czym

Antek uruchomił TeXstudio.
Dziadek wcześniej pokazał mu, że sam plik `.tex` nie jest gotową książką.
To źródło.
Program czyta kod, składa dokument i tworzy wynikowy PDF.
Maks popatrzył na dwa okna obok siebie.
Po lewej kod.
Po prawej PDF.
— Czyli tu piszemy, a tu widzimy wynik.
— Tak — odpowiedział Antek.

Od pliku `.tex` do gotowej strony

W tym projekcie role są rozdzielone:

`PLIK .TEX → TeXstudio → LuaLaTeX → PDF`

LaTeX opisuje strukturę i sposób składu dokumentu.

TeXstudio jest edytorem, w którym wygodnie pracuje się nad plikiem źródłowym.
LuaLaTeX przetwarza kod i tworzy wynikowy PDF.
Potem człowiek ogląda PDF, poprawia źródło i kompiluje ponownie.
To nie jednorazowa operacja, lecz krótka pętla pracy:

zmiana → kompilacja → kontrola

Lena wskazała początek pliku.
— A co jest przed `\begin{document}`?
— Preambuła.
— Czyli ustawienia całej książki?
— W dużym uproszczeniu.
Antek przewinął plik.
— Tutaj jest format strony. Tutaj marginesy. Tutaj czcionki. Tutaj sposób wstawiania ilustracji. Dzięki temu nie musimy ustawiać każdej strony osobno.
Maks spojrzał na niego.
— To mi się podoba.
— Jeszcze niczego nie skompilowaliśmy.
— Nie psuj chwili.
Antek wskazał dalszą część.
— A tutaj zaczyna się właściwa treść.

```
\begin{document}
```

Niżej znajdował się rozdział.
Potem akapity.
Ramki.
Miejsca na ilustracje.
Lena przeczytała kilka fragmentów.
— To trochę przypomina konstrukcję strony internetowej.
— Trochę — odpowiedział Antek. — Tyle że celem jest dokument, który ma wyglądać tak samo niezależnie od tego, czy ma pięćdziesiąt czy dwieście stron.
Maks przyjrzał się plikowi.
— I numeracja robi się sama?
— Tak.
— Spis treści?
— Tak.
— Odwołania?

— Tak.
— Ilustracje?
— W dużej części.
Maks uśmiechnął się.
— Dobra. Zaczynam lubić ten szyfr.

Kod, który wygląda jak szyfr

Nie zmieniaj wszystkiego naraz

Antek skopiował szablon do nowego folderu.
Nadał mu nazwę:

```
TOM2_TEST_01.tex
```

Lena zauważyła to od razu.
— Dobrze.
— Co?
— Że nie pracujesz na jedynej kopii.
Maks otworzył drugi plik.
— To ja też zrobię sobie wersję.
— Nie — odpowiedzieli Antek i Lena jednocześnie.
Maks popatrzył na nich ze zdziwieniem.
— Dlaczego?

Antek odwrócił ekran.
— Bo za pięć minut będziemy mieć trzy różne wersje i nikt nie będzie wiedział, która jest aktualna.
— Możemy je nazwać.
Lena od razu zaczęła pisać na tablicy:

```
TOM2_TEST_01.tex
TOM2_TEST_02.tex
TOM2_DZIALA.tex
TOM2_DZIALA_NOWY.tex
TOM2_FINAL.tex
TOM2_FINAL2.tex
```

Maks obejrzał listę..
— Dobra. Rozumiem.
Antek roześmiał się.
— Jeszcze nie mamy książki, a już mamy problem z wersjami.
Lena skreśliła całą listę i napisała:

```
TOM2_2026-08-19_v01.tex
```

— Data i numer wersji.
— To wygląda nudno — powiedział Maks.
— I właśnie dlatego działa.

Jedna wersja, jasna nazwa

Przy dłuższym projekcie bardzo łatwo stworzyć pliki:
`FINAL`, `FINAL2`, `NOWY`, `OSTATECZNY`, `OSTATECZNY_2`.
Po kilku dniach nikt nie pamięta, który jest naprawdę aktualny.
Prosty schemat:

```
NAZWA_DATA_v01.tex
```

pozwala łatwiej śledzić kolejne zmiany.

Pierwsza mała zmiana

Antek nie chciał od razu kopiować całej książki.
Wstawił roboczy tytuł i podtytuł:

Antek, KORI i kod Zielonej Szkoły

AI, LaTeX i druga misja zespołu

Niżej dodał jeden krótki fragment z pierwszego rozdziału.

Maks obserwował.

— To wszystko?

— Na pierwszy test tak.

Antek kliknął kompilację.

Przez sekundę nic się nie działo.

Potem w prawym oknie pojawił się PDF.

Strona tytułowa, nagłówek i tekst pojawiły się dokładnie tam, gdzie powinny.

Maks patrzył na wynik.

— Czyli to naprawdę działa.

Lena uśmiechnęła się.

— Na razie.

Antek spojrzał na nią.

— Nie psuj chwili.

Maks parsknął śmiechem.

Przez chwilę wszyscy troje patrzyli na ekran.

Nie stworzyli jeszcze książki.

Ale pierwszy raz zobaczyli, jak kod zamienia się w gotową stronę.

To było dziwnie satysfakcjonujące.

Pierwszy PDF

A potem Maks dotknął kodu

Antek wyszedł na chwilę po wodę.
Kiedy wrócił, Maks siedział przy laptopie.
— Co robisz?
— Nic.
Antek zatrzymał się.
— To najgorsza możliwa odpowiedź.
Lena zerknęła na ekran.
— Zmieniłeś coś?
— Jedną rzecz.
— Jaką?
— Wielkość tytułu.
Antek odstawił butelkę.
— Dziadek mówił...
— Jedną rzecz naraz. Wiem.
Maks kliknął kompilację.
Na dole ekranu pojawiła się czerwona linia.
Potem druga.
Potem trzecia.
PDF się nie odświeżył.
Maks patrzył na ekran.
— To chyba nie działa.
Lena przysunęła się bliżej.
— Co dokładnie zmieniłeś?
Maks wskazał jedną linię.
Brakowało zamykającego nawiasu klamrowego.
Antek spojrzał na niego.
— Jedna rzecz.
— Jedna.
— Jedna bardzo skuteczna rzecz.
Na ekranie pojawiło się:

ERROR

I tak skończyła się ich pierwsza spokojna przygoda z LaTeX-em.

11 TeXstudio mówi: błąd

Czerwony komunikat wyglądał groźnie.

Antek wiedział już jednak, że błąd kompilacji zwykle oznacza problem do znalezienia, a nie katastrofę.

Maks nie był jeszcze przekonany.

— Program właśnie napisał, że mamy błąd.

— Bo mamy.

— To nie brzmi uspokajająco.

Lena przewinęła komunikaty.

— Najważniejsze pytanie: gdzie.

Na dole ekranu znajdował się log kompilacji.

Długi.

Gęsty.

Pełen słów, których Maks wcześniej nie widział.

— To ma nam pomóc? — zapytał.

— Tak — odpowiedział Antek.

— Wygląda jak kara za popełnienie błędu.

Antek uśmiechnął się.

— Czasem trochę tak.

Lena wskazała pierwszy komunikat.

— Nie czytajmy wszystkiego. Zobaczmy pierwszy błąd, nie ostatni.

To była zasada, którą Antek znał już z pierwszej książki.

Jeden brakujący nawias potrafił wywołać kilka kolejnych komunikatów.

Program próbował zrozumieć strukturę dokumentu, ale jeśli jedna część była niedomknięta, następne polecenia też wyglądały podejrzanie.

Pierwszy błąd jest często najważniejszy

Gdy kompilator pokazuje kilka lub kilkanaście błędów, nie zawsze oznacza to kilkanaście różnych problemów.

Jedna literówka może wywołać serię kolejnych komunikatów.

Dlatego warto:

1. zacząć od pierwszego błędu,
2. sprawdzić wskazaną linię i kilka linii wokół niej,
3. poprawić jedną rzecz,
4. skompilować ponownie.

Maks znalazł brakujący nawias.

Dopisał go.

Kompilacja.

PDF wrócił.

— Naprawione — powiedział.
— Brawo — odpowiedziała Lena.
— To było łatwe.
Antek spojrzał na niego.
— Właśnie powiedziałeś coś, czego za pięć minut możesz żałować.

Pierwszy błąd

A jeśli nie wiemy, co znaczy komunikat?

Kilka minut później pojawił się inny problem.
Tym razem nie z powodu Maksa.
Antek wkleił fragment kodu z innego dokumentu.
Kompilacja zatrzymała się.
Komunikat był mniej oczywisty.
Maks przeczytał go dwa razy.
— Nie rozumiem.
Lena również.
Antek skopiował tylko najważniejszą część komunikatu i kilka linii kodu.
— Spytamy AI.
Maks skierował wzrok na niego.
— Czyli jednak AI zna LaTeX.
— Może pomóc go zrozumieć.

Antek przygotował pytanie.

Zapytaj AI

Pracujemy w LuaLaTeX i TeXstudio.
Poniżej znajduje się komunikat błędu oraz kilka linii kodu wokół miejsca, w którym kompilacja się zatrzymuje.
Wyjaśnij prostym językiem:
1. co najprawdopodobniej oznacza komunikat,
2. które dwie lub trzy linie warto sprawdzić,
3. jaką najmniejszą zmianę można przetestować.

Nie przepisuj całej preambuły i nie zmieniaj innych ustawień dokumentu.

AI odpowiedziało.
Wskazało brak pakietu potrzebnego do użytego polecenia.
Zaproponowało dwie możliwości:
dodać odpowiedni pakiet,
albo usunąć polecenie, jeśli nie jest potrzebne.
Maks spojrzał na Antka.
— Którą wybieramy?
Antek nie odpowiedział od razu.
Lena też nie.
W końcu Antek powiedział:
— Najpierw sprawdźmy, po co w ogóle jest to polecenie.
Okazało się, że fragment pochodził ze starego dokumentu i odpowiadał za efekt, którego w ich książce nie potrzebowali.
Usunęli jedną linię.
Kompilacja przeszła.
Maks odchylił się na krześle.
— Czyli AI zaproponowało dwie poprawne drogi, a my wybraliśmy prostszą.
— Tak — odpowiedziała Lena. — Bo wiedzieliśmy, jaki efekt chcemy osiągnąć.
Antek zapisał to w NOTATNIKU.

AI może znać kod. Autor musi znać cel.

Nie kopiuj w ciemno

Największy problem pojawił się dopiero później.
Maks chciał zmienić sposób wyświetlania jednego z nagłówków.

Zapytał AI sam.
Nie powiedział Antkowi ani Lenie.
Po chwili wkleił kilkanaście linii kodu.
— Co zrobiłeś? — zapytała Lena.
— Poprawiłem nagłówek.
— Co wkleiłeś?
— Kod.
— Jaki?
Maks przewinął ekran.
— Ten.
Antek patrzył przez chwilę.
— Rozumiesz go?
— Mniej więcej.
— To znaczy?
— Nie wszystko.
Lena zamknęła oczy na sekundę.
— Maks.
— Co?
— Sam przed chwilą mówiłeś, że technicznie poprawna odpowiedź nie zawsze jest najlepszą odpowiedzią.
— To było o KORI.
— Teraz jest o tobie.
Kompilacja ruszyła.
PDF powstał.
Nagłówek wyglądał lepiej.
Ale zniknęła numeracja stron w całym dokumencie.
Maks zamarł.
— Tego nie zamawiałem.
Antek spojrzał na kod.
— AI prawdopodobnie zmieniło styl strony razem z nagłówkiem.
Lena wskazała kopię pliku.
— Wracamy do poprzedniej wersji.
Maks zareagował spokojnie.
— Dobrze, że ją mamy.
— Właśnie.

Nie kopiuj kodu w ciemno

Kod wygenerowany przez AI może:

- działać poprawnie,
- działać tylko w innym układzie dokumentu,

Kod działa, ale nie tak jak chcieli

- zmieniać również rzeczy, o które nie pytaliśmy,
- korzystać z pakietów, których nie mamy,
- być po prostu błędny.

Dlatego warto:

1. prosić o możliwie małą zmianę,
2. wiedzieć, w którym miejscu ją wkleić,
3. zachować wcześniejszą działającą wersję,
4. po każdej zmianie sprawdzić cały dokument, nie tylko jedną stronę.

Dziadek i pięć minut

Wieczorem Antek zadzwonił do dziadka.

Opowiedział mu o brakującym nawiasie.

O pakiecie.

O nagłówku.

O znikniętej numeracji stron.

Dziadek wysłuchał wszystkiego bez przerywania.

— Ile czasu zajęła wam ta ostatnia poprawka?

— Prawie pół godziny.

— A ile zajęłoby przywrócenie poprzedniej wersji?

— Pięć sekund.

— To czego się nauczyłeś?

Antek zastanowił się.
— Robić kopię.
— Też.
— Zmieniać jedną rzecz naraz.
— Też.
— Nie wklejać dużego kodu, którego nie rozumiem.
— Bardzo dobrze.
Antek uśmiechnął się.
— I co jeszcze?
— Że błąd nie jest katastrofą. To informacja, że trzeba coś sprawdzić.
— To brzmi jak Lena.
— Mądrze mówi.
Antek spojrzał na ekran.
Dokument znów się kompilował.
Tytuł.
Rozdziały.
Numeracja.
Wszystko wróciło.
Nagle LaTeX przestał wyglądać jak tajemniczy szyfr.
Nie dlatego, że Antek go już znał.
Po prostu przestał się bać komunikatu:

ERROR

12 Rysunek, który był za mały

Kiedy tekst zaczął wyglądać jak prawdziwa książka, Antek zrobił to, co wydawało się oczywiste.
Wstawił ilustrację.
Był to jeden z rysunków pokazujących KORI w LAB-ie.
Na ekranie wyglądał dobrze.
Wyraźny.
Kontrastowy.
Duży.
Maks zwrócił oczy na PDF.
— Jest.
— Jest — potwierdził Antek.
Lena powiększyła stronę.
— Ładny.
Antek odchylił się na krześle.

— Czyli działa.

Tego dnia dziadek miał do nich dołączyć zdalnie.

Kiedy połączyli się z nim przez komunikator, Antek od razu pokazał PDF.

— Mamy ilustracje.

— Widzę.

— Dobre?

Dziadek milczał chwilę.

— Ile pikseli ma ten plik?

Antek spojrzał na Lenę.

Lena na Maksa.

Maks na Antka.

— Dużo — odpowiedział Antek.

Po drugiej stronie ekranu zapadła cisza.

— „Dużo" nie jest jednostką.

Maks roześmiał się pierwszy.

Antek otworzył właściwości pliku.

```
900 x 1300 px
```

Dziadek zapytał:

— A jak szeroko drukujesz ten rysunek?

Antek spojrzał na kod.

— Prawie na całą szerokość strony.

— To policz.

— Co?

— Rzeczywistą rozdzielczość przy tym rozmiarze druku.

Trzysta nie jest magiczną liczbą

Antek słyszał już wcześniej określenie „300 DPI", choć w różnych materiałach spotykał także zapis „300 dpi".

Brzmiało to prosto.

— Czyli jeśli we właściwościach pliku widzę wartość 300, wszystko jest w porządku?

Dziadek pokręcił głową.

— Nie wystarczy ustawić w metadanych pliku wartości „300 DPI".

— To co trzeba zrobić?

— Sprawdzić, ile pikseli przypada na rzeczywisty cal wydruku.

Na kartce zapisał:

PPI = liczba pikseli / szerokość wydruku w calach

Potem przykład:

```
1500 px / 5 in = 300 PPI
```

Maks zrozumiał pierwszy.

— Czyli ten sam obraz może mieć dobrą jakość, jeśli wydrukujemy go jako mały obrazek, i słabą, jeśli rozciągniemy na całą stronę.

— Dokładnie.

Lena otworzyła kalkulator.

Ich ilustracja miała 900 pikseli szerokości.

Jeśli zostałaby wydrukowana na 5 cali:

```
900 px / 5 in = 180 PPI
```

Antek spojrzał na wynik.

— Czyli za mało.

— Do druku wysokiej jakości — powiedział dziadek — tak.

— Ale na ekranie wygląda dobrze.

— Ekran to nie druk.

Na ekranie wygląda dobrze

DPI czy PPI?

Maks przyjrzał się zapisowi.

— To czemu wszyscy mówią „300 DPI”, skoro liczymy PPI?

Dziadek uśmiechnął się.

— Bo w praktyce te określenia są często mieszane. Dla obrazu cyfrowego ważne jest, ile pikseli przypada na cal przy jego rzeczywistym rozmiarze. Drukarka ma własne punkty druku, ale przy przygotowaniu ilustracji najważniejsza jest efektywna rozdzielczość obrazu.

Antek zanotował:

300 DPI w praktyce

W rozmowach o przygotowaniu ilustracji do druku często mówi się „300 DPI”.
Dla pliku rastrowego najważniejsze pytanie brzmi jednak:

ile pikseli przypadnie na jeden cal po rzeczywistym umieszczeniu obrazu w książce?

Przykład:

1500 px szerokości / 5 in szerokości druku = 300 PPI

Jeżeli ten sam plik rozciągniemy do 7,5 cala:

1500 / 7,5 = 200 PPI

Plik się nie zmienił.
Zmienił się jego **rzeczywisty rozmiar w druku**.

Standard ilustracji w tej książce

Dla większości mang przyjmujemy jeden bazowy format:

proporcja 5:3
2200 × 1320 px
szerokość w składzie: 0,96 szerokości pola tekstowego

Przy obecnym formacie strony daje to szerokość wydruku około 5,29 cala, a więc:

$$2200 / 5{,}29 \approx 416 \text{ PPI}$$

To wyraźnie więcej niż wymagane minimum 300 PPI. Zapas jest celowy: pozwala na niewielkie kadrowanie albo korektę położenia ilustracji bez zejścia poniżej bezpiecznej jakości druku.

Lena otworzyła folder z ilustracjami.
— Czyli trzeba sprawdzić wszystkie.
Antek spojrzał na liczbę plików.
— Wszystkie?
— Wszystkie.
Maks odwrócił się do dziadka.
— Nie ma jakiejś komendy AI, która powie, że wszystkie są dobre?
— Może policzyć. Ale musi dostać prawidłowe dane.
Lena od razu zaczęła tworzyć tabelę:

Plik	px szer.	druk [in]	PPI
rys01.png			
rys02.png			
rys03.png			

Antek westchnął.
— Czemu zawsze kończymy z tabelą?
— Bo pamięć jest kiepską bazą danych — odpowiedziała Lena.

Zmiana metadanych nie dodaje szczegółów

Maks otworzył program graficzny.
— Mam prostszy sposób.
— Jaki? — zapytała Lena.
— Wpiszę 300 DPI we właściwościach pliku.

Dziadek pokręcił głową.
— I co się stanie z liczbą pikseli?
Maks sprawdził.
— Nic.
— No właśnie.
Antek spojrzał na niego.
— Czyli obraz nie stanie się ostrzejszy tylko dlatego, że wpiszemy inną liczbę.
— Dokładnie — odpowiedział dziadek. — Metadane mogą zmienić sposób interpretacji rozmiaru, ale nie tworzą nowych szczegółów, których w obrazie nie było.
Maks zamknął okno.
— Szkoda.
— Fizyka bywa bezlitosna — powiedział dziadek.

Uwaga

Zmiana wartości 72 DPI na 300 DPI w metadanych **nie poprawia rzeczywistej jakości obrazu**, jeśli liczba pikseli pozostaje taka sama.
Dla druku trzeba sprawdzić:

- wymiary obrazu w pikselach,
- rzeczywisty rozmiar obrazu na stronie,
- efektywną rozdzielczość przy tym rozmiarze.

Raster i wektor

Przy okazji Lena znalazła jeszcze dwa rodzaje grafik.
Pierwsze były zdjęciami i mangami zapisanymi jako PNG lub JPEG.
Drugie — prostymi diagramami i ikonami zapisanymi jako PDF lub SVG.
— Te też sprawdzamy w pikselach? — zapytała.
— Niekoniecznie — odpowiedział dziadek. — Grafika wektorowa nie jest zbudowana z siatki pikseli w taki sam sposób. Można ją skalować znacznie swobodniej.
Maks wskazał schemat KORI.
— Czyli wykres, symbol albo prosty rysunek techniczny lepiej robić wektorowo.
— Jeśli się da, tak.
Antek spojrzał na mangę.
— A manga?

300 nie pojawia się znikąd

— To zwykle raster. Trzeba pilnować rozdzielczości.
— Czyli nie ma jednej zasady dla wszystkich plików.
— Wreszcie zaczynasz rozumieć publikowanie.
Antek zanotował:

Nie pytaj tylko: „czy plik ma 300 DPI?". Najpierw zapytaj: jaki to rodzaj grafiki i jak duża będzie w druku?

Pierwsza kontrola obrazów

Zespół sprawdził pięć pierwszych mang.
Dwie miały bardzo duży zapas.
Jedna była dokładnie na granicy.
Jedna spadała poniżej 300 PPI tylko dlatego, że została wstawiona zbyt szeroko.
Zmniejszyli ją o kilka procent.
Rozdzielczość efektywna wzrosła.
Obraz nadal wyglądał dobrze.
Ostatni plik był naprawdę za mały.
Nie dało się go uratować samą zmianą miejsca.
Antek usunął go z katalogu wersji finalnej i oznaczył:

`DO_POPRAWY`

Maks popatrzył wnikliwie na niego.

— Czyli nie użyjemy ładnego obrazka?

— Użyjemy, jeśli przygotujemy go w odpowiedniej jakości.

Lena dopisała do listy kontroli:

GRAFIKA: minimum 300 PPI przy rzeczywistym rozmiarze druku

Antek patrzył na tabelę.

Pierwsza książka nauczyła go, że tekst może wyglądać dobrze i nadal zawierać błąd. Teraz odkrywał to samo w grafice: obraz może być świetny na monitorze, a mimo to mieć zbyt małą rozdzielczość do druku.

Rzeczywista kontrola ilustracji

Spróbuj sam

Weź dowolny obraz rastrowy.

Sprawdź:

1. jego szerokość w pikselach,
2. planowaną szerokość w druku w calach,
3. efektywną rozdzielczość:

$$\mathrm{PPI} = \frac{\text{piksele}}{\text{cale}}$$

Następnie policz, co stanie się z PPI, jeśli ten sam obraz wydrukujesz o 25% szerzej.
Nie zmieniaj jedynie wartości „DPI” w metadanych. Sprawdź rzeczywistą liczbę pikseli.

Następny problem czekał już w tekście

Kiedy skończyli kontrolować grafiki, Antek skompilował cały dokument jeszcze raz.

PDF miał już kilkadziesiąt stron.

Przewinął kilka z nich.

Wszystko wyglądało dobrze.

Prawie.

Na jednej stronie podpis ilustracji został sam na dole.

Rysunek przeszedł na następną.

Na innej po poprawce tekstu ostatnie zdanie rozdziału przesunęło się o jedną stronę.

A spis treści zmienił numery.

Maks spojrzał na ekran.

— Przecież tylko poprawiliśmy dwa akapity.

Lena uśmiechnęła się.

— Witamy w składzie książki.

Antek spojrzał na cały dokument.

Właśnie zrozumiał, że następnym problemem nie będzie napisanie kolejnego rozdziału.

Będzie nim poprawianie gotowej książki tak, żeby każda zmiana nie tworzyła trzech nowych problemów.

I tym razem LaTeX miał pokazać, po co naprawdę został wymyślony.

13 Jedna poprawka, dwanaście stron

W poniedziałek Antek przyszedł do LAB-u z listą rzeczy do poprawienia.

Nie była długa.

Przynajmniej na początku.

```
1. poprawić dwa zdania
2. przesunąć jedną ilustrację
3. zmienić podpis
4. sprawdzić spis treści
```

Maks przeczytał listę.
— To zajmie dziesięć minut.
Lena spojrzała na niego.
— Nie mów takich rzeczy przed kompilacją.
— Czemu?
— Bo program słyszy.
Antek roześmiał się.
— TeXstudio nie słyszy.
— KORI też kiedyś nie słyszał.
Maks odwrócił się w stronę robota.
— Nie mieszajmy go do tego.
Antek otworzył plik źródłowy.
Pierwsza poprawka była prosta.
W rozdziale o torbie na parapecie jedno zdanie powtarzało informację z wcześniejszego akapitu.
Usunął je.
Druga poprawka również.
Lena zauważyła, że podpis ilustracji nie mówi dokładnie tego, co widać na rysunku.
Antek zmienił:

Pierwszy alarm KORI

na:

Trzy przejazdy, ten sam przedmiot

— Lepiej — powiedziała Lena. — Pierwsza wersja sugerowała alarm, a przecież cały rozdział tłumaczy, że to nie był alarm.
Antek zapisał plik.
— Kompilujemy.
Kliknął.
PDF odświeżył się.
Maks przewinął kilka stron.
— Wygląda dobrze.
Potem przewinął dalej.
— Czekaj.
Jedna z ilustracji znalazła się na następnej stronie.
Podpis został razem z nią.
Ale tekst przed ilustracją przesunął się.
Przez to ostatnie dwa zdania poprzedniego akapitu weszły na stronę, na której wcześniej zaczynał się kolejny fragment.

Antek przewinął jeszcze dalej.
Numer strony w spisie treści również się zmienił.
Potem następny rozdział zaczynał się o jedną stronę później.
Maks patrzył na ekran.
— Usunąłeś jedno zdanie.
— Tak.
— I zmieniłeś pół książki.
— Nie pół.
Lena przewinęła miniatury stron.
— Dwanaście stron zmieniło układ.
Maks spojrzał na Antka.
— Tytuł rozdziału już masz.

Jedna poprawka, dwanaście stron

I właśnie po to jest LaTeX

Antek przez chwilę patrzył na dokument.

Jeszcze kilka miesięcy wcześniej taki widok prawdopodobnie by go zdenerwował.

Teraz wiedział już, że przesunięcie tekstu nie oznacza katastrofy.

Oznaczało tylko, że TeXstudio przeliczył układ dokumentu od nowa.

— Dobra — powiedział. — Co musimy poprawić ręcznie?

Lena odpowiedziała pierwsza:

— Najpierw sprawdźmy, czy w ogóle coś musimy.
Antek przewinął PDF.
Numeracja rozdziałów była poprawna.
Spis treści zaktualizował się automatycznie.
Numery stron również.
Odwołania do ilustracji nie zmieniły się.
Podpisy pozostały przy właściwych rysunkach.
Maks spojrzał na ekran.
— Czyli program sam zrobił większość roboty.
— Właśnie po to go używamy — odpowiedział Antek.
— A my tylko sprawdzamy, czy wynik nadal ma sens.
Lena pokiwała głową.
To była ważna różnica.
LaTeX nie sprawiał, że zmiany przestawały wpływać na układ.
Sprawiał natomiast, że znaczna część zależności była liczona automatycznie.
Antek przypomniał sobie dokumenty, w których numerację rysunków poprawiało się ręcznie.
Rozdział 7 stawał się rozdziałem 8.
Rysunek 12 stawał się 13.
Odwołanie w tekście pozostawało jednak „rysunek 12".
A potem zaczynało się szukanie.
Tutaj większość takich rzeczy pilnował kod.

Automatyzacja nie oznacza braku kontroli

LaTeX może automatycznie aktualizować:

- spis treści,
- numerację stron,
- numerację rozdziałów i sekcji,
- podpisy i odwołania,
- wiele elementów układu.

To nie oznacza jednak, że po kompilacji nie trzeba oglądać PDF.
Automatyzacja pomaga uniknąć części błędów technicznych.
Nie zastępuje oceny, czy strona nadal wygląda dobrze i czy czytelnik rozumie treść.

AI poprawia tekst, ale nie zna całej książki

Po południu Lena zauważyła inne zdanie.
W rozdziale o Zielonej Szkole Antek napisał:

KORI zauważył problem z hulajnogami.

Lena pokręciła głową.
— Nie zauważył.
— Jak to?
— To my zauważyliśmy. KORI wtedy nie było.
Antek znalazł wcześniejszą scenę.
Rzeczywiście.
Spacer obserwacyjny odbyli bez robota.
— Dobra. Zmieniam.
Maks uśmiechnął się.
— AI tego nie znalazło?
— Nie pytałem.
Lena spojrzała na Antka.
— I nawet gdybyś zapytał, musiałoby znać właściwy kontekst.
Antek otworzył projekt książki i przygotował krótkie polecenie.

Zapytaj AI

Sprawdź poniższy fragment pod kątem zgodności z załączoną listą faktów z wcześniejszych rozdziałów.
Nie poprawiaj stylu.
Wypisz tylko zdania, które mogą być sprzeczne z chronologią, rolami bohaterów albo wcześniej ustalonymi faktami.
Jeśli nie masz wystarczających danych, napisz „nie można rozstrzygnąć".

AI wskazało dwa miejsca.
Jedno było rzeczywistym problemem.
Drugie tylko możliwą niejasnością.
Lena przeczytała odpowiedź.
— Dobrze.
— Co dobrze?
— Że napisało „nie można rozstrzygnąć", zamiast wymyślić brakujący fakt.
Maks oparł się o stół.
— Czyli uczymy AI przyznawać, że nie wie.
— Raczej uczymy się tak pytać, żeby nie udawało, że wie — odpowiedział Antek.

Kto naprawdę tam był?

Jedna lista dla całej książki

Pod koniec dnia Lena utworzyła tabelę, dla określenia wyglądu bohaterów, zasad współpracy z AI i możliwości KORI w drugiej książce Antka.

Maks znał to uczucie zaskoczenia.

— Oczywiście.

— Co?

— Nic. Wiedziałem, że będzie tabela.

Na górze widniał napis:

KONTROLA SPÓJNOŚCI

Kolumny:

Element	ustalone	sprawdzone	uwagi
wiek bohaterów			
wygląd bohaterów			
rola Leny			
rola Maksa			
możliwości KORI			
zasady AI			
chronologia			
nazwy plików / ekranów			

Antek spojrzał na listę.
— Dodaj „Antoś / Antek".
Lena dopisała.
W domu rodzina mówiła już częściej „Antek".
W szkole podstawowej częściej mówiono do niego „Antoś".
Od początku liceum — także w tytule serii — używa już formy „Antek".
Maks spojrzał na tabelę.
— Naprawdę sprawdzamy nawet to?
— Szczególnie to — odpowiedziała Lena. — Czytelnik zauważy, jeśli bohater nagle zmieni się w połowie książki.
Antek przypomniał sobie pierwszą książkę.
Najtrudniejsze poprawki często nie dotyczyły pojedynczego zdania.
Dotyczyły tego, czy bohater nadal jest tą samą osobą.
Czy KORI wygląda jak KORI.
Czy Maks zachowuje się jak Maks.
Czy Lena rzeczywiście mówi coś, co powiedziałaby Lena.
To nie był już problem typograficzny.
To była redakcja.
I właśnie od niej zaczynał się następny etap.

14 Ostatnia kontrola

Słowo „ostatnia" pojawiło się w nazwie pliku po raz pierwszy w środę.

```
TOM2_2026-08-19_v17_OSTATNIA.tex
```

Lena zobaczyła nazwę.
Nic nie powiedziała.
Skopiowała plik.
Zmieniła nazwę na:

```
TOM2_2026-08-19_v18.tex
```

Antek patrzył.
— Usunęłaś „ostatnia".
— Tak.
— Czemu?
— Bo jeszcze nie skończyliśmy.
Maks spojrzał na nią.
— A skąd wiesz?
Lena otworzyła PDF.

— Bo go jeszcze nie przeczytaliśmy od początku do końca po ostatnich zmianach.
Maks zdziwiony stwierdził.
— To ma ponad sto stron.
— Właśnie.

Czytamy jak czytelnik

Do tej pory poprawiali fragmenty.
Rozdział.
Scenę.
Ilustrację.
Podpis.
Teraz postanowili zrobić coś innego.
Otworzyć PDF.
I przez kilka godzin nie zaglądać do kodu.
— Po co? — zapytał Maks.
— Bo czytelnik nie zobaczy kodu — odpowiedział Antek. — Zobaczy książkę.
Zaczęli od strony tytułowej.
Tytuł.
Podtytuł.
Autor.
Dalej informacje redakcyjne.
Spis treści.
Rozdział pierwszy.
Nie szukali wyłącznie literówek. Sprawdzali również rytm i logikę książki: czy tytuły pasują do treści, ilustracje są blisko właściwych scen, podpisy niczego nie zdradzają, ramki nie pojawiają się zbyt często, a w dialogach zawsze wiadomo, kto mówi.
Antek przypomniał sobie uwagę, którą usłyszał jeszcze na początku pracy nad drugim tomem.
Krótki dialog był dobry, jeśli czytelnik wiedział, kto z kim rozmawia.
Jeśli nie wiedział, szybko przestawał być dynamiczny.
Stawał się zagadką.
Na stronie 27 Lena zatrzymała ich.
— Tutaj.
— Co? — zapytał Antek.
— Trzy wypowiedzi pod rząd. Nie wiadomo od razu, kto mówi drugą.
Antek przeczytał fragment.

Miała rację.
Dodał w notatkach:

```
R27 --- DODAĆ „ODPOWIEDZIAŁ MAKS"
```

Nie poprawił od razu.
Najpierw chcieli dokończyć czytanie.

Czytamy jak czytelnik

Karol zostaje pierwszym czytelnikiem

Wieczorem Antek wydrukował kilka wybranych stron.
Nie całą książkę.
Kilka scen.
Dał je Karolowi.
— Przeczytaj.
Karol spojrzał na kartki.
— Teraz?
— Tak.
— Ile?
— Sześć stron.
— Za darmo?
Antek popatrzył na niego.

— Jesteś moim bratem.
— Właśnie dlatego pytam.
Antek usiadł obok.
Karol zaczął czytać.
Nie mówił nic.
Na trzeciej stronie zatrzymał się.
— Co znaczy „efektywna rozdzielczość”?
Antek już chciał odpowiedzieć.
Zatrzymał się.
— A z tekstu nie wynika?
— Trochę. Ale musiałem przeczytać dwa razy.
Antek zaznaczył fragment.
Na piątej stronie Karol znów się zatrzymał.
— Tutaj jest fajne.
— Co?
— Że ten obraz może mieć 300 PPI, jak jest mały, a 200, jak go powiększysz. To rozumiem.
Antek zaznaczył również ten fragment.
Nie po to, żeby go poprawić.
Po to, żeby go nie zepsuć.
Karol oddał kartki.
— Mogę iść?
— Jeszcze jedno pytanie. Czy gdzieś było nudno?
Karol spojrzał na niego podejrzliwie.
— Chcesz prawdziwą odpowiedź?
— Tak.
— Strona o zasadach pilotażu jest trochę za długa.
Antek westchnął.
— Lena ją lubi.
— To Lena może ją czytać.
Antek się roześmiał.
— Dobra. Dzięki.
Karol wstał.
— To teraz pięćdziesiąt złotych.
— Idź.

Pierwszy czytelnik nie musi być redaktorem

Osoba, która nie zna całego procesu tworzenia książki, może zauważyć problemy, których autor już nie widzi.
Warto zapytać:

- gdzie tekst był niejasny,
- gdzie trzeba było przeczytać zdanie drugi raz,
- gdzie było za dużo informacji naraz,
- co było naprawdę ciekawe,
- czego nie należy już komplikować.

Autor zna zamierzony sens.
Czytelnik widzi tylko to, co rzeczywiście zostało napisane.

Pierwszy czytelnik

Cztery rodzaje kontroli

Następnego dnia Lena podzieliła kontrolę na cztery części.

TEKST
FAKTY I SPÓJNOŚĆ
GRAFIKA I SKŁAD
PLIK FINALNY

Antek odpowiadał głównie za tekst.
Czytał dialogi.
Powtórzenia.
Tempo.

Miejsca, w których narrator tłumaczył coś zbyt długo.
Lena sprawdzała fakty, chronologię i zgodność informacji.
Czy KORI miał w danym momencie włączoną kamerę.
Czy Lena rzeczywiście była obecna w scenie.
Czy nazwy projektu i szkoły były konsekwentne.
Maks sprawdzał grafikę i elementy techniczne.
Czy obrazy mają odpowiednią rozdzielczość.
Czy pliki są właściwe.
Czy podpisy odpowiadają obrazom.
Czy nie został gdzieś stary rysunek po wcześniejszej wersji.
Potem zamienili się rolami.
Bo osoba, która coś przygotowała, nie zawsze zauważy własny błąd.

Kontrola	Sprawdzamy
Tekst	język, dialogi, powtórzenia, tempo
Spójność	fakty, chronologia, bohaterowie, zasady KORI
Grafika	podpisy, rozdzielczość, zgodność sceny, położenie
PDF	strony, marginesy, numeracja, kompletność

Maks spojrzał na tabelę.
— Tym razem nawet ja przyznaję, że jest przydatna.
Lena uśmiechnęła się.
— Zapisuję datę.

AI jako dodatkowy korektor

Na końcu wykorzystali AI.
Ale nie prosili:

„Sprawdź książkę.”

To było zbyt ogólne.
Zamiast tego wykonali kilka osobnych kontroli.
Jedna rozmowa szukała powtórzeń.
Druga nazw bohaterów i miejsc.
Trzecia sprawdzała, czy w opisach AI nie pojawiają się stwierdzenia zbyt kategoryczne.
Czwarta porównywała listę ilustracji z podpisami.
W jednym miejscu AI wskazało, że słowo „alarm” pojawia się w opisie sytuacji, którą wcześniej określili jako „zgłoszenie do weryfikacji”.
Lena znalazła zdanie.

— Poprawiamy.

W innym miejscu AI zaproponowało zmianę dialogu Maksa na bardziej oficjalny.

Maks przeczytał propozycję.

— Nie.

— Czemu? — zapytał Antek.

— Bo ja bym tak nie powiedział.

Antek uśmiechnął się.

— I właśnie dlatego AI nie jest autorem.

AI może znaleźć problem. Nie musi znać bohatera.

AI potrafi pomóc w korekcie:

- znaleźć powtórzenia,
- wyszukać niespójne nazwy,
- porównać listy i podpisy,
- wskazać fragmenty wymagające sprawdzenia.

Ale może też zaproponować zdanie poprawne językowo, które nie pasuje do charakteru bohatera.

Dlatego ostateczna decyzja należy do autora.

Cztery kontrole

PDF zamknięty

Wieczorem Antek skompilował dokument.

Raz.

Potem drugi.

Spis treści zaktualizował się.

Odwołania również.

Lena sprawdziła liczbę stron.

Maks otworzył folder z grafikami.

Nie było plików oznaczonych `DO_POPRAWY`.

Antek wyeksportował PDF.

Nazwa:

```
ANTOS_KORI_TOM2_PRINT_v01.pdf
```

Maks spojrzał na niego.

— Nie „FINAL"?

— Nie.

— Jestem dumny.

Lena otworzyła PDF.

Przeszli pierwszą stronę.

Ostatnią.

Kilka stron losowych.

Potem użyli wyszukiwania, aby sprawdzić, czy nie zostały znaczniki typu:

```
TODO
DO POPRAWY
???
WSTAW RYSUNEK
```

Nie było.

Antek zamknął plik.

Przez chwilę nikt nic nie mówił.

— To już? — zapytał Maks.

Lena skierowała wzrok na Antka.

Antek odpowiedział:

— Teraz możemy sprawdzić, czy platforma też tak uważa.

15 Druga książka, pierwszy system

W sobotę rano Antek otworzył komputer wcześniej niż grę.
Sam zauważył tę zmianę.
Nie skomentował jej.
Karol zrobiłby to za niego.
Na pulpicie znajdował się folder:

```
KSIAZKA_02
```

W środku:

```
TEX
GRAFIKA
PDF
MATERIALY
ARCHIWUM
```

Nie było już:

```
NOWY
NOWY2
NAPRAWDE_NOWY
FINAL_FINAL
```

Antek uznał to za osobiste osiągnięcie.
Do LAB-u przyszli wszyscy troje.
KORI stał przy ścianie.
Nie miał dzisiaj żadnej misji.
Maks powiedział, że to niesprawiedliwe.
Lena odpowiedziała, że nawet robot może mieć dzień wolny.
Na ekranie komputera Antka znajdował się gotowy PDF.
— Wysyłamy? — zapytał Maks.
— Najpierw jeszcze raz sprawdzamy plik — odpowiedziała Lena.
Maks spojrzał na Antka.
— Ona nigdy nie przestanie.
— I dobrze.
Lena udawała, że nie słyszy.

Podgląd przed publikacją

Platforma wydawnicza przyjęła plik.

Przez chwilę wyświetlał się komunikat o przetwarzaniu.
Potem pojawił się podgląd książki.
Strona po stronie.
Antek przewinął początek.
Pierwszy rozdział.
Ilustracja.
Kolejna strona.
Maks patrzył na marginesy.
Lena na kolejność stron.
Antek na tekst.
Wszystko wyglądało dobrze.
Aż pojawiło się ostrzeżenie.

UWAGA

W dokumencie wykryto element, który może nie zostać wydrukowany.

Maks spojrzał na Antka.
— Co zepsułeś?
— Ja?
— Ty wysyłałeś.
Lena przerwała im.
— Najpierw sprawdźmy stronę.
Ostrzeżenie dotyczyło jednej z początkowych stron.
Wizualnie wyglądała poprawnie.
Tekst był.
Numeracja była.
Nic nie wychodziło poza margines.
Antek otworzył źródłowy PDF i zaczął analizować.
Po chwili znalazł przyczynę.
W jednym miejscu pozostał aktywny element, który miał sens na ekranie, ale nie był potrzebny w wersji drukowanej.
Usunęli go.
Ponowna kompilacja.
Ponowny PDF.
Ponowny podgląd.
Ostrzeżenie zniknęło.
Maks oparł się o krzesło.
— Czyli nawet gotowy PDF nie był gotowy.
Lena spojrzała na niego.
— Właśnie dlatego istnieje podgląd.

Jeszcze jedno ostrzeżenie

To, czego czytelnik nie zobaczy

Po południu siedzieli w LAB-ie jeszcze chwilę.

Nie musieli.

Po prostu nikt nie chciał pierwszy powiedzieć, że skończyli.

Antek przewinął książkę od początku.

Nowa szkoła.

Powrót KORI.

AI.

Pierwszy test.

Woda.

Zasady.

Zielona Szkoła.

Torba.

Rolka.

Rowery.

Hulajnogi.

Notatki.

LaTeX.

Błędy.

Ilustracje.

Korekta.

PDF.

Czytelnik zobaczy gotową historię.
Nie zobaczy:
brakującego nawiasu,
pięciu wersji pliku,
rysunku z niewystarczającą rozdzielczością,
zdania, które przesunęło dwanaście stron,
rozmów o tym, czy KORI coś „wie”, czy tylko „rejestruje”,
ani ostatniej poprawki wykonanej kilka minut przed wysłaniem.
Maks przyjrzał się ekranowi.
— Trochę dziwne.
— Co?
— Że najwięcej pracy jest w rzeczach, których potem nikt nie widzi.
Lena odpowiedziała:
— Właśnie dlatego gotowa książka wygląda, jakby powstała łatwo.
Antek zapisał w NOTATNIKU:

Czytelnik nie powinien widzieć chaosu produkcji. Powinien dostać książkę.

Potem dopisał:

Ale autor powinien pamiętać, jak do niej doszedł.

To, czego czytelnik nie zobaczy

Od pomysłu do systemu

Antek otworzył nową stronę w NOTATNIKU.
Na górze napisał:

JAK ZROBILIŚMY DRUGĄ KSIĄŻKĘ

Niżej powstał ciąg:

ZDARZENIE
↓
OBSERWACJA
↓
NOTATKA
↓
PYTANIA
↓
AI + WERYFIKACJA
↓
TEKST
↓
ILUSTRACJE
↓
LaTeX
↓
KOREKTA
↓
PDF
↓
OKŁADKA — PNG
↓
PODGLĄD
↓
PUBLIKACJA

Maks patrzył na listę.
— To wygląda jak algorytm.
— Trochę jest.
Lena dopisała obok:

na każdym etapie: CZŁOWIEK SPRAWDZA

Antek spojrzał na całość.
Pierwszą książkę pisali, ucząc się po drodze.
Drugą nadal tworzyli metodą prób i błędów.
Ale tym razem mieli coś, czego wcześniej nie mieli.
System.
Nie idealny.
Nie zamknięty.
Ale własny.

Druga książka, pierwszy system

Nie trzeba od początku znać całego procesu wydawniczego.
Wystarczy budować go krok po kroku.
W tej historii zespół nauczył się:

1. zauważać rzeczywisty problem,
2. zapisywać obserwacje, także głosowo,
3. zadawać AI precyzyjne pytania,
4. oddzielać fakty od wniosków,
5. sprawdzać odpowiedzi,
6. porządkować materiały,
7. budować strukturę książki,
8. korzystać z LaTeX-a i TeXstudio,
9. kontrolować ilustracje i ich rzeczywistą jakość druku,
10. przygotować przednią stronę okładki jako poprawny plik PNG,
11. redagować i sprawdzać PDF oraz podgląd przed publikacją.

AI może przyspieszyć wiele z tych czynności.
Nie przejmuje jednak odpowiedzialności za książkę.

Okładka też jest częścią książki

Maks spojrzał na gotowy PDF i na listę etapów.
— Czyli teraz wysyłamy?
Lena pokręciła głową.
— Jeszcze okładka.
Maks wskazał ekran.
— Myślałem, że platforma zrobi ją za nas.
— Może pomóc ją złożyć — odpowiedział Antek. — Ale tytułu, autora i dobrej grafiki sama za nas nie wymyśli.
Otworzyli generator okładki w Amazon KDP. Zespół nie chciał projektować całej rozkładanej okładki z grzbietem i tyłem od zera. Najpierw

skupili się na przedniej stronie, którą mogli przygotować jako osobny plik PNG, a później wykorzystać w generatorze.

Lena utworzyła nowy plik:

```
OKLADKA_FRONT_2007x2883.png
```

Maks popatrzył zagadkowo na nazwę.

— Skąd te liczby?

— Format książki ma 6,69 na 9,61 cala — odpowiedział Antek. — Przy 300 PPI daje to 2007 na 2883 piksele.

— Czyli znowu liczymy piksele.

— Tym razem zanim coś rozciągniemy — powiedziała Lena.

Na ekranie ustawili prosty układ. Tytuł miał być czytelny nawet w małej miniaturze. Pod nim zostawili miejsce na autora. Ilustracja miała pokazywać dynamikę szkolnej przygody, ale nie opowiadać całej książki naraz. Delikatne elementy związane z AI i kodem LaTeX-a mogły sugerować praktyczną część historii, a KORI miał pozostać rozpoznawalny jako zmodernizowany, niski robot.

— A autor? — zapytała Lena.

Antek wpisał:

ARI VAREN

Maks popatrzył na niego.

— Zostaje?

— Tak. To mój pseudonim literacki.

— Czyli Antek pisze, a Ari Varen podpisuje?

— Mniej więcej.

Lena popatrzyła wnikliwie na oba napisy.

— Najważniejsze, żebyśmy używali tego konsekwentnie.

Przed zapisaniem pliku sprawdzili jeszcze raz proporcje, czytelność tytułu, położenie autora i jakość ilustracji. Dopiero wtedy wyeksportowali PNG i wstawili go do generatora okładki.

Opublikuj

Wieczorem Antek siedział w swoim pokoju.

Karol leżał na łóżku i oglądał coś na telefonie.

— Gotowe? — zapytał.

— Chyba.

Karol odłożył telefon.

Projektujemy przednią stronę okładki

— „Chyba” brzmi słabo.
Antek uśmiechnął się.
— Gotowe.
— Opublikowane?
Antek spojrzał na ekran.
Przycisk czekał.
Przypomniał sobie pierwszą książkę.
Wtedy naciskanie „Opublikuj” wydawało się końcem całej historii.
Teraz wiedział już, że to tylko jeden z etapów.
Nacisnął.
— Teraz tak.
Karol podniósł kciuk.
— To ile zarobisz?
Antek roześmiał się.
— Ty naprawdę niczego się nie nauczyłeś z pierwszego tomu?
— Nauczyłem. Dlatego pytam.
Antek zamknął przeglądarkę.
Na pulpicie został folder `KSIAZKA_02`.
Obok znajdował się KORI na zdjęciu z LAB-u.
Jeszcze obok skrót do narzędzia AI.
Trzy rzeczy, które kilka miesięcy wcześniej nie miały ze sobą nic wspólnego.

Teraz tworzyły część jednej historii.

Następny pusty dokument

Kilka dni później Antek siedział przed komputerem i robił zadanie z matematyki.
Przynajmniej przez pierwsze dziesięć minut.
Potem otworzył nowy plik.
Nadał mu nazwę:

TOM3_POMYSL.txt

Kursor migał.
Pusta strona.
Antek patrzył na nią przez chwilę.
Tym razem nie czuł irytacji.
Pusta strona nie oznaczała, że nie ma niczego.
Oznaczała tylko, że następna historia jeszcze się nie wydarzyła.
Telefon zawibrował.
Maks.

Grupa KORI

MAX: Mam pomysł na KORI.
ANTEK: Nie.
MAX: Nie wiesz jaki.
ANTEK: Tym bardziej nie.
LENA: Najpierw opisz problem.
MAX: Wiedziałem, że to napiszesz.

Antek spojrzał na pusty dokument.
Wpisał pierwsze zdanie:

Maks znowu miał pomysł.

Zatrzymał się.
Potem dopisał:

To zwykle oznaczało kłopoty.

Uśmiechnął się.
I zapisał plik.

Spróbuj sam

Po zakończeniu własnego projektu nie pytaj tylko:

„Czy skończyłem?"

Zapisz również:
1. co zadziałało dobrze,
2. co zajęło najwięcej czasu,
3. gdzie AI naprawdę pomogło,
4. co należało sprawdzić samodzielnie,
5. co następnym razem zrobisz inaczej.

To właśnie z takich notatek powstaje własny system pracy. A czasem również pomysł na następny projekt.

www.ingramcontent.com/pod-product-compliance
Lightning Source LLC
LaVergne TN
LVHW060548061126
851857LV00017B/1938
* 9 7 8 8 3 9 8 2 8 6 7 1 8 *